最小限の材料でおいしく作る9のこつ

ウー・ウェン

大和書房

はじめに

すっきりと気持ちよく生きていきたいですよね。

そのためには、すっきりとしたきれいな味のごはんを食べること。それがいちばん大事だと思っています。食べるものが私たちのからだを作るのだし、生きるエネルギーになるのですから、食事は睡眠と同じぐらい、ものすごく大切です。

すっきりとしたきれいな味で、胃にもたれず、からだに負担がかからない。

すっきりとしたきれいな味で、からだに必要な栄養がとれて、食べ終わったときにとても満足感がある。心まで満たされる。

こういうごはんは、家でこそ、食べられるものです。家庭料理のお得意技です。

食事って、そのとき1回だけではなく、朝昼晩、昨日、今日、明日と、延々と続いていくものです。昨晩は揚げ物を食べたから、今夜はさっぱりとした蒸し物がいいかな、と家で料理を作る人は考えます。家族や自分の心身の健康を考えて、ごはんを作る。それは何よりも大事なことだし、とても尊いことだと思います。

消化がよくてからだにやさしい料理とは、ことこと炊いたおかゆのように、やさしい火加減で時間をかけて加熱したものだといわれています。もちろん、たまに外食でガツンとうまみのある料理をいただくのは、エンターテインメントとしていいことです。でも、お店の料理はあくまでも〝刺激〟であり、私たちがすっきりと気持ちよく生きるための食事とは一線を画するものなのです。

生きるための食事は家で作ります。私がみなさんに教えているのも、日々気持ちよく生きるための普通の家庭料理です。

もともと私の作るごはんは、使う材料の数が少なく、味つけも塩と油とこしょうぐらいの、ものすごくシンプルなものがほとんどでした。

それが、最近ますますシンプルになってきました。理由があります。素材がおいしくなっているのです。私が来日した35年前と今とでは、トマトひとつとっても味がまったく違います。野菜がどんどんおいしくなっている。試しに旬の野菜を蒸して、食べてみてください。「えっ、キャベツって、こんなに甘かった？」「このまま食べればいいじゃない」と思うはずです。

素材じたいがおいしくなっているから、塩も油も、使う量が減ってきました。究極のシンプルな家庭料理を、私は毎日作って食べていると思います。おかげさまで元気に、すっきりと気持ちよく生きることができています。

毎日の食事を、シンプルにおいしく。365日でも食べたいきれいな味にするためのこつを、この本でご紹介します。私がふだん実践していることばかりです。それを役立てていただくために、まずはみなさんに次のような〝意識改革〟をしていただきたいのです。

① 料理を「料理名」から考えない

麻婆豆腐やハンバーグを作ろうとすると、必要な材料も増えるし、手間もかかります。旬の野菜、たとえば春キャベツを買ってきたら、それをいちばんおいしく食べることを考える（15ページ）。すっきりとしたきれいな味の料理には、有名な名前がついていないことも多いのです。

② 塩と油だけでよい、と心得る

調味料は塩と油。基本、それだけでいいと考えましょう。良質な油はうまみの調味料。

私は調理には太白ごま油、風味づけには焙煎された茶色いごま油を使います。春キャベツを蒸して、塩とごま油をちょっとつけて食べるおいしさを知ってください。はじめに旬の素材ありき。味つけは忘れてしまってもいいぐらいです。あとでテーブルの上で塩をふればいい、ぐらいの気持ちでＯＫ。そんな料理を主体にしましょう。

③ 季節のものを食べる

旬は、その素材が最高においしい時季です。野菜でも魚でも、スーパーにたくさん並んでいて、見るからにいきいきとして新鮮で値段もお手頃。そんな旬の素材を蒸したり焼いたり、シンプルに加熱して塩と油でいただく。それがいちばんラクチンで飽きなくて、からだにいい食事です。季節を楽しめば献立に悩むこともないし、この先ずっと大丈夫なんです。

④ 完璧をやめましょう

家庭料理は、どこかがちょっと抜けているぐらいがちょうどいい。レシピ通りにきちんと作って、調味料を書いてある通りに計量して入れて……とやっても、おいしい料理が作れるとは限りません。昨日の小松菜と今日の小松菜は、味が違って当たり前なのです。レシピ通りに完璧に作ろうとせず、今日の小松菜のかたさに合う幅に切り、今日の小松菜の苦味に合う塩をふる。自分の目と手と舌の感覚で作ればいいんです。繰り返しますが、味が足りなければ、食卓で塩をふる。家庭料理はそれぐらいのほうが飽きがきません。

⑤ 中火以下で作る

強火でガーッと作るプロの姿は忘れてください。家庭料理は中火以下で作ります。強火で、重い中華鍋をふって短時間に炒め物を作れるのはプロだからです。私たち〝普通の人〟は、中火以下の火加減でゆっくり作る。そのほうが家庭料理はおいしく作れて失敗がないのです。〝普通の人〟じゃないと作れないのが、からだにやさしい家庭料理なのです。

材料も調味料も最小限でおいしい、毎日でも飽きない家庭のごはん。さぁ、ウーと一緒に始めましょう。

目次

*本書で使用している計量の単位は、1カップ＝200㎖、大さじ1＝15㎖、小さじ1＝5㎖です。

*塩は、ミネラルなどが含まれた粗塩を使用しています。

*こしょうは、粗びき黒こしょうを使用しています。

パウダー状の白こしょうを使用する場合は、「白こしょう」と表記しています。

*ごま油は、ごまを焙煎してから圧搾した色の濃いものを「ごま油」、
生のごまを焙煎せずに圧搾した透明度の高いものを「太白ごま油」と表記し、使い分けています。

① 春の野菜はレシピなしで食べましょう

みなさん、「毎日の食事は簡単にすませたい」と思うでしょう？　私もそうですよ。みなさんと同じで毎日あれこれ忙しいですから、できるだけ手をかけず、少ない材料で、おいしくてからだにいいものを食べたい。お金がなるべくかからないことも大前提。そういう食事をするにはどうしたらいいと思いますか？　実は答えがひとつだけあるんです。

季節のものを食べることです。

ありがたいことに季節のものは、シンプルに食べるのがいちばんおいしい。私たちが余計なことをしなくても、サッと火を通しただけで、凝った味つけをしなくても、それで十分においしいのが旬の素材です。

季節のめぐりは素晴らしいです。特に芽吹きの春は、食べ物も生命力にあふれています。ぴんぴんとした生命力のある野菜を食べると、私はからだの中がきれいになる気がします。冬の間は寒くて、からだが不活発になっていますよね。内臓や筋肉の働きも悪くなるし、血液の流れも滞りがち。それが春になって、出盛りのみずみずしい春の野菜をいただくと、私たちの細胞の隅々にまで元気が行き渡る感じがします。

キャベツひとつとっても、春に出る春キャベツは、冬のものとはまるで違います。きれいな若緑色で、ふんわりとゆるい巻きで、葉っぱがみずみずしくてやわらかくて甘くて。春キャベツは火を通すと、もっと鮮やかな緑になります。「こんなにきれいなものを食べるのだから、自分もきれいになれるはず！」と思うほど。

春キャベツを買ってきたら、私はもう、「蒸す」ことしかしないと言ってもいいくらい。蒸すのがいちばんおいしい！　蒸すと、色もすごく鮮やかな若緑になって、見た目にもごちそうになるんです。

あるとき「最近、うちの朝ごはんはラクだな」と思って、どうしてかしらと考えたら、春は毎朝、蒸しキャベツを出しているからでした。何種類もの野菜を調理するのは手間だけれど、キャベツだけと思えば簡単。これだけで立派な温サラダですよ。隣にちょっとトマトでも添えれば、見た目もすごくきれいでしょ。

蒸し春キャベツ

春キャベツはこんなふうに蒸します。まず丸ごとのキャベツを芯をつけたまま4等分ぐらいに切ります。芯をつけたままのほうが葉がバラバラにならず、蒸し器に入れやすく、取り出しやすいです。

そして、これは蒸し物の基本中の基本ですが、蒸し器の中の水がちゃんと沸騰して、蒸気が上がってから、キャベツ（蒸すもの）を入れます。蒸気の上がった蒸し器に、キャベ

春キャベツはもう、
「蒸す」ことしか
しないです。
春は毎朝、
蒸しキャベツです。

ツを食べる分（そのときに蒸したい分）だけ入れます。このとき、切り口を下にしてキャベツを並べることが大事。切り口の層に蒸気が入って、より早く火が通るからです。

ふたをして強火で2分蒸し、弱火にしてさらに1〜2分蒸します。火を止めて、ふたをしたまま5分放置します。これでできあがり。弱火にしてからの蒸し時間は、葉っぱの詰まり具合によって変えてください。詰まっていて、葉っぱがたくさん重なっているようならば、2分ぐらい加熱したほうがいいかもしれません。

火を止めてから、ふたをしたまま放置する理由もおさらいしておきましょう（拙著『本当に大事なことはほんの少し』90ページに詳しく書いています）。

火を止めてすぐにふたを開けると、ふわ〜っと蒸気が出ますね。この蒸気には、キャベツから出たうまみの水分も含まれているんです。ふたをすぐに開けると、自分の水分で蒸されて汗をかいたキャベツの、汗がふわ〜っと蒸発してしまう。つまり、キャベツが本来持っていたうまみの水分が逃げてしまうのです。

ふたをしたまま5分放置すれば、キャベツのうまみの水分は蒸発せずに、またキャベツの中に戻ってくれます。この考え方はキャベツに限らず、どんなものでも同じ。パサつかず、しっとりとおいしい蒸し物を作るこつです。

蒸しあがったキャベツは芯を切り落とし、食べやすく切って器に盛ります。焙煎された

蒸したての
春キャベツは、
甘みたっぷり。
塩と油をかける
だけで美味。

茶色いごま油をちょっとかけて、塩をパラパラ、お好みで粗びき黒こしょうをかけて召し上がってみてください。ねっ、これだけで、めちゃくちゃおいしいでしょう！

でも、それでも「おかずにするには、キャベツだけでなくお肉も欲しい」というみなさんの声が聞こえてきましたよ。わかります！　夕ごはんのおかずにはお肉も食べたい、食べさせたい。そんなときは「蒸し春キャベツと豚しゃぶの黒酢ソース」を作ってください。蒸し春キャベツと肉の組み合わせなら、だんぜん、この料理がおいしいです。

蒸し春キャベツ、蒸しじゃがいも、蒸しブロッコリー、蒸し鶏などの蒸し料理を、私は〝食べられる下ごしらえ〟と呼んでいます。なぜかというと、素材のうまみが十分に引き出されているから、そのまま単品で食べてもおいしいし、ほかの具材と合わせて、いろいろな料理に展開することもできるから。6章にも詳しく書きますが、「蒸す」は本当に便利な調理法なんです。

蒸し春キャベツと豚しゃぶの黒酢ソース

「蒸し春キャベツと豚しゃぶの黒酢ソース」の作り方です。

春キャベツは2人分なら1/4個を、先に紹介した方法で蒸しておきます。豚しゃぶしゃぶ肉を150グラム用意します。黒酢、しょうゆ、ごま油各大さじ1、しょうがのすりおろし大さじ½、粗塩ひとつまみ、こしょう少々をボウルに混ぜ合わせて、黒酢ソースを作っておきます。

鍋に湯を沸かして豚しゃぶしゃぶ肉をゆでます。沸騰していたお湯が、肉を入れると温度が下がって静かになりますね。これが再びグラグラと沸騰するまでゆでてください。再び沸騰したら、フライパンの中でしゃぶしゃぶして肉のアクを落とし、しっかり水気をきって、黒酢ソースのボウルに入れます。肉にソースをよくからめて、できれば10分ぐらい置いておくと、味がよくなじんでくれます。

あとは盛りつけるだけです。蒸し春キャベツの芯を切り落とし、半分に切って、豚肉と

豚肉にしっかりソースをからめ、蒸したキャベツはそのままで。

肉をしっかりゆでて
アクを洗い落とし、
黒酢ソースで和える。
10分ほど
置いたほうが
味がなじんでおいしい。

一緒に器に盛ります。このとき、キャベツの層を見せるように盛りつけるときれいです。キャベツには味をつけずに、味のからんだ豚肉でキャベツをくるんで口の中へ。さっぱりとして、キャベツがすごく甘くてヘルシーで、幸せな気持ちになる春のおかずです。

〝食べられる下ごしらえ〟をした蒸し春キャベツは、白和えにするのもおすすめです。絹ごし豆腐150グラムをボウルに重ねたざるに入れて軽くつぶし、冷蔵庫に一晩置きます。練りごま大さじ1と½、練りわさび小さじ½、粗塩小さじ⅓をボウルに混ぜ合わせて、水きりした豆腐を加えて混ぜます。蒸しキャベツ¼個分は芯を切り落とし、水気をきってせん切りにします。これを和え衣で和えれば完成です。

和え衣に甘味を加えないほうが、蒸しキャベツの甘さが引き立ちます。白ワインやビールや日本酒にも合う白和えは、娘が友だちを連れてきたときにも大好評でした。

蒸しアスパラガス

春はアスパラガスも最高です。みずみずしくて、香りがよく、太くてピンと張っていて、元気がみなぎっていて……。旬のアスパラガスは見た目からして違います。

毎年、季節になると那須高原から美しいアスパラガスを届けてくださる方がいます。届くと気持ちがはやります。なぜなら、アスパラガスは鮮度が命。「1分1秒でも早くいただかなくては！」と焦るんです。アスパラガスは採ってから、どのぐらい早く食べるかで、おいしさがまったく違う。おいしくいただくためには、店先でよいアスパラガスを見つけたときも、家に帰ったらほかの食材はさておいて、アスパラガスを最優先に食べたほうがいいです。大げさではなく、本当ですよ。

アスパラガスも、シンプルに蒸していただくのがいちばんです。

茎の下のほうの皮のかたい部分を薄くむきます。ピーラーでスーッとむけばOK。蒸し器に入るように長さを半分に切ります。蒸気の上がった蒸し器に並べてふたをし、強火で1分、弱火にして2分。火を止めて、ふたをしたまま3分放置し、クールダウン。

お皿にきれいに並べて盛りつけ、粗塩をぱらりとふり、オリーブオイルをまわしかけ、粗びき黒こしょうをかけていただきます。蒸すと香りがギュッと凝縮されて、春の香りが口に広がります。蒸したアスパラガスは甘くて、おいしい水分をたっぷり含んでいますので、もう、いくらでも食べられてしまいます。

アスパラガスとささみのオイスター炒め

旬のアスパラガスで、ご飯によく合うおかずを作りましょう。「アスパラガスとささみのオイスター炒め」です。フライパンでアスパラガスと鶏ささみを炒め合わせるだけの、ごくシンプルな料理ですが、おいしく作っていただきたいので、ちょっと詳しく作り方をご説明しますね。

アスパラガスは下ゆでしないで、生のままじかに炒めてＯＫです。ただし火の通りが悪い野菜なので、切り方に工夫が必要です。

まず、下のほうのかたい皮をピーラーでむきます。そして、まな板に4〜5本（調理する分）のアスパラガスを横向きにして並べ、包丁の腹をのせてパン、パンと下から½〜⅔ぐらいまでをたたきます。こうするとつぶれて繊維が崩れます。さらに4等分の長さに切ります。

アスパラガスをたたいて繊維が崩れると、加熱したときにアスパラの水分が出やすくなります。「炒める」という調理は、コンロの火の熱で直接素材に火を通すのではなくて、加熱することで素材から出た水分が蒸気となり、その熱い蒸気で素材に火が通るのです。アスパラガスが自分のうまみを含んだ蒸気で、やわらかく加熱される。それでおいしく火が

通るわけです。アスパラガスをたたかないで炒めると、なかなか水分が出てこなくて、じゅくじゅくと長く炒めることになります。それではシャキッとした歯ごたえがなくなり、あまりおいしくない炒め物になってしまいます。

アスパラガスをじか炒めするときは、下のほうをたたいて繊維をつぶす。覚えておいてください。

鶏ささみ2本は、1センチ幅の斜め薄切りにします。なるべくアスパラガスと同じ形状にしたいので、斜め薄切りです。炒め物は素材どうしの形を揃えたほうが見た目がいいし、上手にできます。

ささみを切るとき、繊維をなるべく断ち切らないことが大事です。繊維を断ち切ってし

アスパラガスはかたい皮をむき、下半分ほどをたたく。ささみは繊維に沿って斜めに包丁を入れて厚みをそぐように切る。

まうと、もともと脂の少ない部位なので、いっそうパサパサになってしまうからです。ささみは鶏の胸骨に沿って、左右に1本ずつついています。この左右で繊維の向きが違うのです。ですから、そのささみの繊維がどういう向きに通っているかをちゃんと見てから、繊維に沿って斜めに包丁で切ります。ちなみにささみは、笹の葉に形が似ているから、ささみと呼ばれています。脂が少ないので、炒め物に向く部位です。

切ったささみに下味をつけます。こしょう少々、酒大さじ2、粗塩ふたつまみ、片栗粉小さじ1/4を、1種類ずつ加えて、そのつどささみにまぶします。

こしょうと酒は、肉のくさみを消してくれます。酒と塩は淡白なささみにうまみを与えてくれます。片栗粉は〝のり〟の役目。片栗粉を加えることで、あとで炒めて味をつけるときに、たれや調味料がささみになじみやすくなります。片栗粉じたいはおいしくもないし、栄養もないので、たくさんは入れないほうがいい。それでもなくては困るので、少し入れて全体によく混ぜましょう。

アスパラガスとささみの下ごしらえができました。あとは炒めるだけ。実は炒め物は、下ごしらえこそが大事。素材の歯ごたえやうまみが生きるようにちゃんと切ったり、下味をつけたりすることで、おいしさが違ってくるのです。

炒め鍋に太白ごま油大さじ1を熱して、アスパラガスを入れ、箸やヘラで大きく混ぜて

アスパラガスに油をまわします。少ない油を、素材のまわりにコーティングするのです。油は温度の上昇が早いので、こうして素材にしっかり油をつけることで、強火でなくても、きちんと素材に熱が入ります。

弱火でじっくり炒めてください。多めの油で強火でガーッと炒めるのではなく、少なめの油で弱火でじっくり炒める。こういう炒め方をしたほうが、アスパラガスの香りが立ちます。

弱火で炒めていると、蒸気が上がってきます。アスパラガスから出た水分が蒸気になるのです。蒸気が出る=素材が熱くなって火が通った合図。色鮮やかになり、香りの立ったアスパラガスをいったん取り出します。

アスパラガスを
弱火でじっくり炒める。
ささみも弱火で炒め、
オイスターソースで
味つけして
アスパラと合わせる。

じっくり炒めて
味が濃くなった
アスパラガス。
うまみをまとった
ささみと名コンビ。

炒め鍋に太白ごま油少々を足して、ささみを入れ、こちらも弱火で炒めます。ささみはやわらかいので、あっという間に火が通ります。箸の先で触ってみて、かたくなっていれば火が通ったということ。ささみに火が通ったら、オイスターソース大さじ1で味をつけます。ささみに限らず、肉と野菜の炒め物は必ず「肉に味をつける」が基本です。そうすると、強めの味がついた肉と、素材の味が残った野菜とで、「味の強弱」がつくのです。野菜のおいしさがよく感じられます。

アスパラガスを戻し入れます。ささみにつけた片栗粉が熱で溶けて、とろんとしておいしそうでしょう！　味をつけていないアスパラガスのために、最後に粗塩ひとつまみをふります。茶色いごま油大さじ½をまわし入れて、香りをつければできあがりです。

アスパラがみずみずしく、肉もあまり縮んでいなくて、ふっくらとできていれば大成功。アスパラガスの最高においしい時季に作っていただきたい料理です。

ゆでたけのこの食べ方・3通り

春が旬の野菜といえば、たけのこです！　友人が全国にいるので、掘りたてのたけのこもあちらこちらから届きます。

新鮮なたけのこは、30分程度ゆでるだけで、やわらかくて甘いです。ゆでたら、うちではそのまま食べちゃうんです。食べやすく切って、塩をパラパラとまぶすだけ。ふわっといい香りがして、ふっくらやわらかくて、ほのかに甘くて、おいしーい！　新鮮なたけのこを何も手を加えずにいただく、こんなに贅沢なことはありません。余計な手を加えるのはもったいないと思いませんか。凝った料理はお店にまかせて、家庭では旬の恵みをシンプルにいただきましょう。

ところで私の故郷の北京では、生のたけのこは見かけません。都会の北京ではたけのこは採れないのですが、首都ですから、それこそ中国じゅうの名産品が集まってきます。たけのこも名産地の四川省から、真空パックになった水煮のたけのこが運ばれてくる。真空パックなので一年中ありますが、たけのこは春のものなので、やっぱりみんな春によく食べるんです。

中国では、たけのこはサプリメント的な野菜として捉えられているんですよ。からだの余分な熱を取り、血液を浄化し、循環器系の働きをよくし、お通じをよくしてくれる働きがあります。だから一年中食べたいし、冬の間にたまった毒素を出したい春には特に、一生懸命食べたい野菜なのです。

真空パックのたけのこでいいですよ。日本のスーパーにも、真空パックの水煮たけのこが並んでいますよね。細かく切られたものではなく、丸のままもしくは半割りぐらいの大きさのものを選びましょう。

真空パックのたけのこは、とにかく焼く。焼くのがいちばん。ずっと水の中に浸かっていたわけだから、焼くことで余分な水分を蒸発させる。そうすると、香ばしくておいしくなるのです。

水煮たけのこを真空パックから出したら、洗ってペーパータオルで水気を拭いて、1本丸ごとなら縦半分に切り、さらに縦に4等分に切ります。春先には水煮たけのこも、その年の春に採れた新しいものが出まわっています。新しいたけのこの食感と香りを楽しみたいから、大きめに切ったほうがいいです。

水煮たけのこは縦に大きく切る。太白ごま油をひいたフライパンで弱火で両面を焼く。

弱火でこんがり
焼いた
たけのこに
塩をパラパラ。
これだけで最高です。

フライパンに油を大さじ1ぐらいひきます。私は太白ごま油を使いますが、お好きな油で結構です。たけのこを並べ入れたら、あまり触らずに弱火でじっくり焼いてください。炒めるのではなく「焼く」です。ここ、大事。ちなみに「弱火」と言っても、お使いのコンロによってまちまちだと思います。「弱火」とは、フライパンや鍋の底に火が当たっているけれど、火が弱い状態のこと。水分の多い水煮たけのこは弱火でじわじわと焼いて、水分をしっかり蒸発させることでおいしくなります。

焼いていて「香りが出てきたな」と感じたら、箸で持ち上げて裏を見てみて。ほんのり焼き色がついているはず。そうしたらひっくり返して、裏面も焼きます。たけのこに水分がまだ残っているうちは、香りが出にくい。焼けて水分が抜けると、いい香りがしてくるんです。

蒸気がほとんど出なくなったら、おいしく焼けた合図。器に盛りつけて、粗塩をパラパラとふります。あればぜひ木の芽（山椒《さんしょう》の若芽など）を添えましょう。木の芽の香りがあることで、たけのこのおいしさが何十倍にも増して感じられる不思議をご堪能ください。

焼いたたけのこは、塩の代わりにしょうゆをたらして食べてもいいです。しょうゆ味なら、ご飯によく合うから、お弁当のおかずにもいいですね。あるいは、たけのこを一口大に切って、油をひいたフライパンで、じんわりと弱火で焼きます。おいしそうな焼き色がついたら、しょうゆをまぶして、これを炊きたてのご飯に混ぜれば「たけのこご飯」のできあがり。そう、これも立派な「たけのこご飯」ですよ。香ばしくて、なんとも幸せな香りがします。家庭の「たけのこご飯」は、このぐらい簡単でもいいんじゃないかな。

焼いて、塩をパラパラ。

焼いて、しょうゆをたらり。

焼いて、しょうゆをまぶして、ご飯に混ぜる。

春になったらたけのこを、このシンプルな3通りの食べ方でせっせと食べる。なにせサプリメントですからね。

コロコロに切った水煮たけのこを弱火でじっくり焼き、しょうゆをまぶす。あとはご飯に混ぜるだけ。

焼きたけのこを
炊きたてのご飯に
混ぜれば、
香りのたまらない
たけのこご飯に。

② 旬の野菜なら、あっという間にスープができます

スーパーマーケットや八百屋さんで、旬の野菜を見るのはうれしいものです。玉ねぎもキャベツもトマトも、旬を迎えるとキラキラして見えませんか？　栄養分や水分をたっぷり蓄えているから、パンッと張っていて、野菜が胸を張っているようです。

私が旬の野菜をよく買うのは、おいしいのはもちろん、やわらかくて、すぐに火が通るからです。やわらかい＝水分が多いということで、旬の野菜を使うとスープやソースがあっという間にできます。

春にいちばんよく買うのは、新玉ねぎです。甘くてみずみずしい新玉ねぎが大好きで、この時季はお店で見かけるたびに買っています。実は……こう見えてもわたくし、血圧が高めなんです。そのせいもあって、できるだけ毎日、玉ねぎを食べるようにしています。

新玉ねぎはスープにするのがおすすめです。短時間で、だしいらずで、おいしくてヘルシーなスープができます。「野菜をとらなきゃ」と思って生のサラダを食べる人が多いけれど、生の野菜はからだを冷やしてしまいます。「野菜をとらなきゃ」と思ったら、スープを作る。消化がよくて胃腸に負担がかからず、煮るとかさが減るから、たくさん食べられる。スープは本当にいいことずくめです。

新玉ねぎのスープ

「新玉ねぎのスープ」を作りましょう。2人分で新玉ねぎ1個の皮をむき、縦に4つ割りにします（くし形切り）。新玉ねぎはすごくやわらかいです。ということは、煮崩れしやすいので、あまり小さく切らないほうがいいわけです。

鍋に太白ごま油大さじ1をひいて、新玉ねぎを入れます。切り口を下にして入れると、玉ねぎに火が通りやすく、玉ねぎのうまみが出やすくなります。鍋に点火して、玉ねぎを強めの火加減で焼きましょう。どんな料理もそうですが、鍋を火にかけて最初に強めの火にするのは、まずは鍋そのものを温めたいからです。十分に温まった鍋やフライパンの熱で、包み込むようにして素材に火を通す――おいしい料理を作る基本です。

焼いている玉ねぎからいい香りがしてきたら、鍋も十分に温まったということ。火を弱くして玉ねぎを返します。

ねぎは焼いたり炒めたりすることで、甘い香りとうまみが出ます（長ねぎについては56ページを参照）。このことをぜひ覚えてください。生のまま、お湯にちゃぷんと入れてスープを作ろうとすると、香りもうまみもあまり出てくれません。最初に焼きつけることで、玉ねぎじたいがまろやかになる効果もあります。

鍋に油をひき、
新玉ねぎを入れる。
焼き色がついたら
水を加え、
沸いたらふたをして
7〜8分煮る。

玉ねぎにほんのり焼き色がついたら、水を500ミリリットルほど加えます。火を強めて煮立たせ、沸いたら弱火にし、ふたをして7〜8分煮ます。こうすることで、水がおいしいスープに変わるのです。7〜8分は目安です。新玉ねぎはあっという間に透明になってクタッとしてきますから、ご自分の好みの火の通り具合で火を止めてくださって結構です。粗塩を小さじ½ほど加えて、こしょうをふれば、新玉ねぎのスープのできあがり。

新玉ねぎだけでも、とってもおいしいスープですが、ここにほかの野菜を加えると、「野菜をとらなきゃ」が一気に解消されますね。

塩を加える前の新玉ねぎのスープに、春キャベツのせん切りをパッと加えたり、筋をとったスナップえんどうを入れたりすると、〝春野菜の集まり〟みたいで楽しいでしょう？

新玉ねぎを焼き、
水を注いで煮れば
スープのできあがり。
旬の野菜だけで
十分なうまみです。

野菜に火が通ったな、というタイミングで粗塩で調味し、こしょうをふって召し上がってください。

グリーンピースと卵のスープ

春の野菜の料理で、私がぜひ紹介したいのが「グリーンピースと卵のスープ」です。ほんのり甘いやさしい味と、グリーンピースの香りのよさ。緑と黄色の明るく美しい色合いが素敵でしょ。グリーンピースと聞いて、シュウマイの上にのっている飾りを想像してしまった人、グリーンピースは飾りじゃないの、野菜なの。旬のグリーンピースのおいしさは格別なんです。

グリーンピースはさやから出して100グラムを用意します。このスープはグリーンピース料理ですから、口の中でグリーンピースがコロコロ、コロコロするくらい、たっぷり入れましょう。

こちらのスープもだしいらずです。ただし玉ねぎと違って、グリーンピースからはうまみがあまり出ませんので、桜えびを味だしに使います。鍋に水500ミリリットルと桜えび3グラムを入れて中火にかけ、沸騰したら弱火にして、ふたをして5分煮ます。新玉ねぎのスープもそうですが、「沸騰したら弱火にして、ふたをして数分煮る」ことで、素材の味が染み出して、水がおいしいスープに変わるのです。

グリーンピースを加えて、火が通るまで2分程度煮ます。このとき、ふたはしないでほしい。なぜなら、ふたをして煮ると、せっかくのグリーンピースの色がくすんでしまうから。ふたをしないで煮ることで、鮮やかな緑色になります。また、グリーンピースは絶対に煮すぎないこと。煮すぎるとおいしくなくなってしまいます。やわらかいけれど、ちゃんと歯ごたえもあるくらいが理想です。

グリーンピースがスープの上に浮かんできたら、火が通った合図です。粗塩小さじ½で味つけして、ここで水溶き片栗粉を加えます。片栗粉大さじ1を、水大さじ2で溶いた水

桜えびを水から煮て味を出す。グリーンピースを加え、塩で調味し、水溶き片栗粉、溶き卵を流し入れる。

溶き片栗粉です。どうして水溶き片栗粉を入れるかというと、グリーンピースのようなコロコロしたものは、スープにとろみがついたほうがまとまって食べやすいから。それと、あとで溶き卵を流し入れますが、汁にとろみがついていたほうが、ふんわりした卵になるんです。

鍋中を静かにかき混ぜながら水溶き片栗粉を加え、全体になじんだら、最後に溶き卵を流します。ボウルに卵2個を溶きほぐし、火を強くして、卵液は必ず汁が沸騰しているところへ流し入れてください。ぐつぐつと沸いているところへ溶き卵を少しずつ加えると、対流しているスープの流れで、卵が1か所に固まったりせずにすーっと流れてくれます。見てください、ふわふわでしょう！　スープが再び沸いてきたら、茶色いごま油を大さじ½ぐらい加えて香りをつけます。こしょう少々で味を引き締めればできあがりです。

うちの子供たちは小さいころ、このスープをご飯にかけて食べていました。お行儀はよくないですが、気持ちはわかります。春のスープかけご飯、忙しい日の昼ごはんにまねしたくなります。

春が旬の
グリンピースの
甘いこと！
ほんのり塩味、
えび味で卵入り。

完熟トマトのえびチリ

四季折々のどの季節でも、旬を迎えた野菜はみずみずしいです。旬の野菜の「うまみをたっぷり含んだ水分」を利用すると、だしいらずでおいしいスープができることをご紹介してきました。これと同じ考え方で、旬の野菜はソースにもなってくれるんです。夏の完熟トマトが出回ると、これをソースにしたえびチリが作りたくなります。わが家の人気料理です。

「わが家」と書きましたが、もともとは、北京で暮らす私の母の得意料理なんです。母は夏に真っ赤な完熟トマトを見ると、買わずにいられなくて、買ってくると「トマトと卵の炒め物」（拙著『本当に大事なことはほんの少し』92ページでご紹介しています）など、いろいろな料理を作ってくれました。

なかでも「完熟トマトのえびチリ」は、家族みんなの大好物。トマトはうまみの多い野菜で、加熱するとすぐにおいしい水分になってくれます。これをソースとして使うわけですから、おいしくないわけがないですよね。

ただ最初にお伝えしておきますが、日本のお店で出されるえびチリとは少し味わいが異なるかもしれません。お店では、もしかしたらいろんな材料や調味料を使って、複雑な味に仕上げているのかもしれない。でも家庭料理は、いつもある調味料でサッと作れるのがいちばん。そうでなければ、作り続けられないからです。これからご紹介するえびチリは、あくまでもわが家流のえびチリですが、シンプルなのにすごくおいしいから、作ると驚かれると思います。

2人分で完熟トマト（中サイズ）を1個使います。ヘタを取って、1センチ角に切ります。むきえび250グラムを用意します。背わたを取り、沸騰した湯でゆでてざるに上げ、水気をきって、こしょう少々、片栗粉小さじ1をまぶします。この片栗粉は〝のり〟の役目。片栗粉をまぶしておくことで、あとでソースがえびにしっかりからんでくれます。

下ごしらえの時点で、えびにはしっかり火を通してください。あとで炒めるからといって半生状態ではダメなんです。魚介でも肉でもそうですが、生食できないものはしっかり加熱してアクを抜く。この下ごしらえをすることで、できあがった料理が〝きれいな味〟になるのです。ただし、ゆですぎも禁物。加熱しすぎるとえびはかたくなってしまう。ゆでている様子をちゃんと見て、よいタイミングで引き上げましょう。

ソースを作ります。玉ねぎ¼個、にんにく1かけ、しょうが1かけをみじん切りにします。炒め鍋に太白ごま油大さじ2を熱して、にんにく、しょうがを弱めの中火で炒めます。香りが出るまでじっくり炒めたら、玉ねぎを加えて、水分を飛ばすようにしっかり炒めます。最初に香味野菜を炒めることで、炒め油に複雑なうまみや香りが移ります。香味野菜に水分が残っていると、ソースが間の抜けた味になってしまいますので、しっかり炒めることが大事です。

豆板醤《トウバンジャン》小さじ1を加えてさらに炒めます。発酵食品の豆板醤は、炒めることでいい香りが立ちます。豆板醤の香りが出たら、トマトを加え、火を強めて2〜3分炒めます。トマトが全体になじんだところで、オイスターソース大さじ⅔、粗塩ひとつまみを入れます。

これでチリソースができました。

最後にえびを入れて1〜2分、ソースと和えるように炒めます。これで完成です。

食べてみると、トマトの風味を感じるフレッシュな味わいです。トマトの酸味と甘みが

えびをしっかりゆでる。
香味野菜を炒め、
豆板醤、完熟トマトを
加えて炒め煮にし、
オイスターソースを
加えてチリソースに。

完熟トマトが
甘酸っぱくて
フレッシュなソースに。
えびを
さっと煮て完成。

えびにからんで、白いご飯にのせて食べたくなる。誰ですか？「ソースだけでご飯が食べられる」なんて言うのは。でも本当にそう。夏の盛りの完熟トマトで、ぜひ作ってくださいね。余計なものを入れない家庭のえびチリは、いくらでも食べられてしまうきれいなおいしさです。

大根のスープ

スープになるのは、春や夏の野菜ばかりではありません。寒い季節に旬を迎える大根も、スープでたっぷりいただきましょう。

大根は一年中ある野菜ですが、冬大根は大きくて、どっしり重くて、みずみずしくて、舌触りがなめらかです。夏の大根は辛いけれど、冬の大根は辛みもマイルドで、加熱すると甘くなる。酵素が多いし、胃腸にもいいし、中国では「しょうが、白菜、大根を食べていれば医者いらず」とも言われます。それほど、私たちのからだにとってありがたい野菜なのです。

冬の大根は、みずみずしく水分をたっぷり含んでいるため、スープにしやすいです。大根もだし（うまみ）の出る野菜ですので、チキンスープやかつおだしなどの動物性のだしを使わなくても、おいしくできます。

「大根のスープ」は、大根２００グラムの皮をむいて、スライサーでせん切りにします。スライサーを使うと、そうめんのように長く切れて箸で食べやすいですし、細く切ったほうがスープに大根のだしが早く出ます。

油揚げ1枚は長辺を半分に切り、重ねて、端から細切りにします。長ねぎ5センチは薄切りにします。

鍋に太白ごま油大さじ½と長ねぎを入れて火にかけ、ねぎのいい香りが出るまで、弱めの中火でじっくり炒めます。香りが立ったら油揚げを入れて炒め、さらにいい香りが出てきたら、水５００ミリリットルを加えます。火を強めて煮立たせます。

大根はスライサーでごく細いせん切りに。長ねぎと油揚げを炒め、水を注いで、沸いたら大根を加えて5分煮る。

冬のみずみずしい
大根でスープを。
酵素が多くて
胃腸にやさしく
風邪予防にも◎。

鍋中が沸いたところへ大根を加えます。再び煮立ったら中火ぐらいにして、5分ほど煮ます。大根がくったりすればＯＫ。粗塩小さじ½、こしょう少々をふったら完成です。

「野菜のおかずが足りない」「あと一品何か欲しい」というとき、旬の野菜の味を引き出して作るスープを覚えておくと、とても便利です。ボリュームがあっておなかが満たされ、栄養たっぷりで、何よりおいしい。ぜひレパートリーに加えてください。

WATER

③ ねぎ油は、料理をおいしくする万能調味料です

長ねぎのことを、私は「ねぎ神様」と呼んでいます。なぜなら、長ねぎは油でじっくり炒めると、よい香りと甘みとうまみが油に移って、油を〝最強のうまみの調味料〟にしてくれるから。油のうまみを、さらに高めてくれるのが「ねぎ神様」なんです。

「中国料理」と言うと、にんにくのイメージをお持ちかもしれないけれど、そんなことはないのです。にんにくよりも活躍してくれるのは、実は長ねぎです。にんにくは、香りも刺激もパワフルで、主張の強い香味野菜です。強いゆえに、小松菜など、おだやかな味の野菜を炒めるときに使うと、野菜の風味よりもにんにくのほうが勝ってしまいます。

その点、長ねぎなら問題ありません。問題ないどころか、そのままではちょっと物足りない小松菜炒めも、長ねぎの香りとうまみを移した油で炒めることで、グンとおいしくなるのです。「ねぎ神様」はどんな素材とも相性がいい。野菜でも肉でも魚でも、あらゆる素材と仲良くしてくれる。香りとうまみの野菜でありながら、自分が主張しすぎないところも素敵です。ねっ、「ねぎ神様」と呼びたくなるでしょう?

小松菜を炒めるとき、チャーハンを作るとき、焼きそばを作るとき、だしいらずのスープを作るとき……私は最初に長ねぎを太白ごま油でじっくり炒めてねぎ油を作ります。ねぎ油は、いろいろな料理のおいしさのベースとなってくれます。中国では家庭でもレストランでも、ねぎ油が活躍しているんです。

◉ねぎ油

ねぎ油をぜひ覚えてください。簡単です。作りやすい分量でご紹介します。長ねぎ1本を斜め薄切りにします。先のほうの緑色の部分も使ってくださいね。中がとろっとしたこの部分には、すごく栄養があるので。かための部分も全部丸ごと食べられるのも、ねぎ油の魅力です。

ところで、長ねぎをなぜ「斜め薄切り」にするのか、おわかりでしょうか。そう、切り口（断面）が大きいほうが、ねぎのエキスが出やすいからです。

炒め鍋に太白ごま油1カップと長ねぎを入れて、弱火にかけます。長ねぎがなるべく重ならないように、箸で広げます。広げたら、あまりかき混ぜない。かき混ぜずに弱火でじゅくじゅくと火を入れることで、長ねぎの繊維が崩れ、長ねぎの水分が蒸気となって外に出る。一方、水分が抜けて凝縮された長ねぎのうまみは油の中に溶け出す——これが「ねぎ油」のおいしさの秘密です。フランス料理のコンフィ（食材を低温の油でじっくり煮る料理法）と同じ考え方です。

だから、いきなり熱い油で長ねぎを炒めてしまってはいけません。冷たい油と長ねぎを同時に鍋に入れて、それから火をつけて、弱火でじゅくじゅくと時間をかけて炒めます。

そのうち甘い香りが立って、長ねぎがしんなりしてきます。そうしたら箸で混ぜて、熱のあたり具合を均等にします。以後はあまり触らずに弱火のまま、ときおり混ぜる程度にして長ねぎの様子を見守りましょう。

15分ほど炒めて、長ねぎの端っこが少し茶色くなってきたところで火を止めます。ここまで炒めると、火を止めても余熱で長ねぎ全体が色づいて、チリチリになってきます。この状態がいいのです。長ねぎ全体が茶色くなるまで火をつけたままにしていると、炒めすぎになってしまいます。

ねぎ油が完全に冷めたら、清潔なガラスびんに移して常温で保存します。冷蔵庫に入れると風味が落ちるし、プラスチック容器よりもガラスびんのほうが見た目がいいでしょ

長ねぎと太白ごま油を弱火にかける。15分ほど加熱して、下段の写真ぐらいに色づいたら火を止める。

長ねぎの香りと
うまみを移した
「ねぎ油」は、
大活躍してくれる
万能うまみ調味料。

う？　ちなみにわが家では、フランスで見つけた広口のガラス容器をねぎ油用にしています。口が広いほうが出しやすいし、洗うときもラクです。「ねぎ神様」ですから、見た目もおしゃれにして、キッチンの目につくところに置いています。

ねぎ油はとにかく万能です。豆腐にねぎごと油をかけて、粗塩をふって召し上がってみてください。うまみをダイレクトに感じると思います。たたききゅうりをねぎ油と塩で和えてもおいしいし、「卵と小松菜炒め（94ページ）」「焼きそば（69ページ）」「大根のスープ（50ページ）」「卵とねぎのチャーハン（74ページ）」など、この本に出てくる料理の多くが、実はねぎ油のうまみに支えられています。

ブロッコリーのねぎ油和え

ねぎ油があると、野菜のシンプルな料理がグッと奥深いおいしさになります。それがいちばんよくわかるのが「ブロッコリーのねぎ油和え」かもしれません。うちで食べると、みなさん「絶対に作る！」と口を揃える名作です。ゆでたブロッコリーをねぎ油で和えるだけなんですよ。

ブロッコリー1個は一口大に切り分けて、歯ごたえよくゆで、一瞬だけ水にさらして水

ねぎ油と
しょうゆで和えた
ブロッコリー。
このおいしさに
驚いてください。

気をしっかりきります。水にさらすと緑色がきれいに仕上がります。

ゆでたブロッコリーをボウルに入れて、しょうゆ大さじ½（または粗塩小さじ⅓でも）で味つけし、ねぎ油大さじ1を加えて和えます。はい、これでできあがり。

食べてみてください。「わ！」とみなさん驚きます。見た目はただのブロッコリーなのに、このおいしさはいったいなんだろう？　と不思議に思うのでしょう。それほどさりげない料理なのに、うまみがあって箸が止まらなくなります。もちろん、お弁当のおかずにもおすすめです。

ねぎ油は、ねぎごと料理に加えてもいいし、油だけでもいいです。ちなみに、うちの料理教室で覚えて、ねぎ油のとりこになった男性がいました。「僕はもう、ねぎ油はウー先生よりも上手に作れるよ」と胸を張っているんです。彼は、ねぎ油のねぎも「甘くて大好き。ラーメンにもなんにでも入れて食べるから、すぐになくなっちゃう」らしいです。こんなふうに男性の心をもつかむ、ねぎ油。本当に魔法の調味料なのです。

ねぎ油のポテトサラダ

わが家の十八番をご紹介しましょう。この本ではあえて「ねぎ油のポテトサラダ」としていますが、ふだんのうちのポテトサラダです。わが家ではマヨネーズは使わずに、ねぎ油で味つけするポテトサラダを作っています。これが、さっぱりとしていながら、じゃがいもなどの素材の甘みが強く引き出されて、本当においしいんです。

じゃがいも（男爵）2個、にんじん1本はよく洗います。蒸気の上がった蒸し器にじゃがいも、にんじん、卵1個をのせて、ふたをして30分蒸します。卵も一緒に蒸してＯＫです。蒸し卵はもしかしたら、ゆで卵よりもおいしいかもしれません。

30分蒸したら火を止めて、10分ほど、ふたをしたまま放置します。放置することで、野菜から出た蒸気が野菜の中に戻ってしっとりし、同時に粗熱がとれます。10分たったら、じゃがいも、にんじんの皮をむきます。手でするするとむけますよ。卵もつるんと殻がむけます。これも「蒸す」のいいところ。

じゃがいもをボウルに入れて、スプーンなどで粗くつぶします。粗塩小さじ⅔、ねぎ油を大さじ2くらい加えてしっかり混ぜます。ここでしっかり和えて、じゃがいもに味をつけることが、できあがりのおいしさにつながります。

にんじんは縦半分に切って、端から厚さ5ミリに切ります。卵も縦半分に切り、端から厚さ5ミリに切ります。これをボウルに加えて、ざっくり混ぜれば完成です。にんじんと卵はほかの切り方でも、じゃがいもになじみやすければＯＫです。

じゃがいも、にんじん、卵を30分蒸して10分放置。
つぶしたじゃがいもをねぎ油と粗塩で調味。
にんじんと卵を加える。

一般的なポテトサラダは意外に手間がかかります。玉ねぎを細かく切って水にさらしたり、じゃがいも、にんじん、卵に別々に火を通したり。そしてマヨネーズをたくさん使うから、高カロリーなのも気になります。その点、うちのポテトサラダは野菜と卵を一度に蒸すから、鍋ひとつでできて、あっという間です。そして、本当にいいお味。パンにはさんでもおいしいです。

まずは、ねぎ油を作ってみてください。あまりに便利で、いろんな料理を格上げしてくれるから、「なんだか最近、うちのごはんがおいしくなった」と感じるはず。「ねぎ神様」は台所革命を起こしてくれるのです。

うちの
ポテサラは
ねぎ油＋粗塩の味。
「これのほうが好き」
というファンが
多いんです。

④ 焼きそばは麺を食べるもの、チャーハンはご飯を食べるもの

「ああ、本当においしい。こういうのが食べたかったんです」

この言葉を、今までに何度聞いたかわかりません。うちの焼きそばを食べると、大げさでなく、みなさんこう言うのです。かつて朝日新聞で2年間にわたって料理の連載をさせていただきましたが、そのときにいちばん反響が大きかったのも、焼きそばでした。

それほど人気の焼きそば、いったい、どんな焼きそばなのか気になりますよね。

わが家の焼きそばは、具が入っていない焼きそばです。どうして具を入れないか？　焼きそばは、そばを食べる料理だからです。麺のおいしさを味わう料理だからです。麺が「ああ、おいしい」と感じられるように作っているから、みなさんが初体験のおいしさに驚いて、「こういうのが食べたかった」とおっしゃるのだと思います。

こういう焼きそばは、日本ではあまりお目にかかったことがありません。日本で焼きそばというと……豚肉やイカやキャベツや玉ねぎなど、いろんな具が入っているものが多いですよね。濃い味のソースで味つけされていたりもします。肉やイカやソースのうまみのついた麺は、それはそれで魅力的な味なのだと思います。ですが、「麺じたいのおいしさ」は、どうしても感じにくくなってしまいます。

日本はお米がおいしいお米の国ですから、炊きたての白米はそれだけでおいしいでしょう？「ご飯のとも」がたくさんあるのも、お米をおいしく食べたいからだと思います。

私の故郷の中国では、粉ものが主食です。日本でのお米に相当するのが、小麦粉というわけです。だから、粉もの料理の文化が発達していて、どの料理も「小麦粉のおいしさ」が感じられます。ですから、焼きそばも汁麺も餃子も具だくさんがいいというわけではなく、麺じたい、餃子の皮じたいがおいしく感じられることを大事にします。

中国では家庭でもお店でも、「麺がおいしい」と感じられる焼きそばを作ります。「麺がおいしい」を目指すにはどうしたらいいのでしょうか。こつはいくつかありますが、まずわかりやすいところで言うと、具をあれこれ入れないことです。いろいろな具を入れると、複雑な味になってしまいますから、麺じたいのおいしさをシンプルに味わうのが難しいのです。

具を入れず、麺の味が引き立つように調理する。今までの焼きそばとは違う視点で作るのです。難しくないです。さっそくやってみましょう。

焼きそば

市販の焼きそば麺2玉（2人分）を冷蔵庫から出して置いておき、常温に戻します。冷蔵されて固まったままでは炒めにくいので、必ず常温に戻し、ボウルなどに入れて箸でほぐしてから調理してください。焼きそば麺はお好みのものでＯＫです。私はどちらかというと太めの麺が好きです。

長ねぎ½本を斜め薄切りにします。

炒め鍋に太白ごま油大さじ１と½、長ねぎを入れて弱めの中火にかけます。長ねぎの香りが出るまで、がんばって炒めてください。急がないでくださいね。急ぐとおいしくできないです。中火〜弱火で、長ねぎをじっくり炒めて、長ねぎの香りとうまみを油に移す。そう、３章でご紹介した「ねぎ油」をここで作っているんです。ねぎ油が、焼きそばのうまみのベースになります。

長ねぎが十分にしんなりして色づいたら、焼きそばをねぎの上に広げてのせます。酒大

麺を常温に戻す。
炒め鍋にねぎ油を作る。
ねぎ油の上に
麺を広げ、
酒をふってふたをし、
2〜3分蒸す。

さじ3をふって弱火にし、ふたをして2〜3分蒸します。酒＝うまみのある水分です。ふたをして蒸すことで、酒の水分が蒸気となり、鍋全体にまんべんなく行き渡ります。このサウナ効果で、麺にふっくらと火が通るのです。

2〜3分蒸したら、ふたを開けて、黒酢大さじ1と½をまわし入れます。弱火のまま全体を混ぜて、黒酢をしっかりとからめます。黒酢を入れても酸っぱくはなりません。黒酢は酸味ではなく、うまみの役割です。小麦粉と相性がよく、黒酢を入れることで麺の甘みが感じられるようになります（黒酢について詳しくは7章へ）。

麺に黒酢がからんで、加えた水分（酒と黒酢）がすべて飛ぶまで炒めたら、味つけします。しょうゆ大さじ1を鍋肌から加え、粗塩少々をふって混ぜます。しょうゆを加えてい

ふたを開けて黒酢をまわし入れ、麺にしっかり味をからめる。しょうゆで香りをつけ塩で調味する。

ますが、実は小麦粉としょうゆはあまり相性がよくありません。でも、しょうゆの香りが欲しいので、少しだけ加え、味は塩で補うわけです。最後に、小麦粉と相性のよい黒こしょうをひいて仕上げます。

召し上がってみてください。小麦粉のふくよかな味わいや甘さがよく感じられます。一口食べて、「え、これだけでこんなにおいしくなるの？」と箸が止まらなくなる、そんなおいしさです。

最初に宣言した通り、具は入っていません。「ねぎ油」の長ねぎが麺にからんでいるだけです。このおいしさをみなさんにぜひ知っていただきたいです。そのためには、ご自分で作っていただくしかないのです。作ってみてください。覚えるとお得だと思います。

この焼きそばは、長ねぎではなく玉ねぎで作ってもいいです。薄切りにした玉ねぎを太白ごま油でじっくり炒めて「玉ねぎ油」を作るわけです。また、しょうゆではなく、塩だけの味つけにしてもいいです。塩味にするときは、塩を少し多めに入れて、塩と黒酢だけで味つけします。

何度も繰り返し作って、焼きそば名人になってください。

具がなくても
すごくおいしい。
小麦粉のうまみを
引き出して
いるからです。

卵とねぎのチャーハン

うちのチャーハンも、焼きそばに負けない人気者です。申し訳ございませんが、わが家ではチャーハンにもあまり具を入れないんです。理由はもう、おわかりでしょう？

チャーハンはご飯を食べる料理だからです。ご飯じたいをおいしく食べるには、肉やえびなどの具はあまり必要ではありません。具がいろいろ入ると味が複雑になりすぎて、ご飯の甘さ、香ばしいおいしさを感じにくくなってしまうからです。ですから、うちの定番チャーハンは卵と長ねぎだけで作ります。

ところで、みなさんはチャーハンを上手に作れていますか？「どうしても、べちゃっとしちゃう」という人が多いのではないかしら。べちゃっとしてしまうのは、ご飯に水分が残っているからです。では、ご飯の水分を上手に飛ばして、パラパラのチャーハンに仕上げるにはどうしたらいいでしょう？ こう聞くと、「ものすごい強火で一気に炒める」と答える人が多そうです。中国料理のシェフが、大きな炎で中華鍋をふるシーンを映像で見すぎているんです。だから、そのイメージが強烈に残ってしまっている。

そうではないのです。「強火でスピーディーに炒める」のは、お客さんをお待たせできないお店だからです。時間勝負で、できるだけ早く作るための強い火力であり、強い火力で作るためのシェフのテクニックなのです。強い火力で手早く作らなければおいしいチャーハンはできない……となると、家庭ではおいしいチャーハンが食べられないことになってしまう。

それはおかしな話です。昔からチャーハンは、残りご飯をおいしく食べるための家庭料理なのですから。冷蔵庫もない昔から、残りご飯は大きなどんぶりに入れて、家の中のいちばん涼しい場所に置いてあった。それを油で炒めておいしく食べる。チャーハンは家庭の知恵なのです。

家庭には家庭のチャーハンの作り方がちゃんとあります。それは「弱めの火で、時間をかけてじっくり作る」やり方です。お店とまったく逆なんです。

北京の私の母は、いつもちょこまか動いていて、家事をさっさとこなす人です。いつも忙しそうに動きまわっているんです。その母がチャーハンを作るときだけは、いるかいないのかわからない静けさで、台所にずっとこもっていました。弱めの火で、静かに静かに、じっくりと時間をかけてご飯を炒めているんです。そうすることで、ご飯の水分を飛ばしているわけです。母のチャーハンは絶品です。

お店のチャーハンは、超強火で炒めて一気に仕上げる。

家庭のチャーハンは、弱めの火でじっくりじっくり時間をかけて炒める。

どちらもパラリとおいしくできます。お店では、高温の油の熱で包み込むようにチャーハンを炒めるため、使う油の量が家庭よりも多めかもしれません。その点では、家庭のチャーハンのほうがヘルシーです。家では、次に待っているお客様がいるわけではないですし、気長に作るチャーハンでいきましょうよ。

繰り返しになりますが、チャーハンは残りご飯をおいしく食べる知恵の料理です。残りご飯がどんぶりに入って台所に置いてある。それを、卵やねぎといったいつもあるものをちょっと入れて、油で炒めることで、お昼ごはんにもなれば、おなかをすかせた子供のおやつにもなる。チャーハンって、そんなふうに家庭的なものなのです。

ですからもちろん、残りご飯で作ってくださいね。うちでは残りご飯は、ひとり分ずつラップに包んで冷凍しています。解凍するときは、湯気の上がった蒸し器に入れて約10分蒸せば、ふかふかのご飯になってくれます。電子レンジのほうが早い？　そうかもしれないけれど、5分10分ぐらいの差でしょう？　早さとおいしさ、どちらをとりますか？　私は断然、おいしさをとります。

チャーハンの作り方です。卵2個をボウルに溶いておきます。長ねぎ10センチをみじん切りにします。長ねぎは緑色の部分もぜひ使ってください。そのほうが、チャーハンに緑が入ってきれいです。

炒め鍋に太白ごま油大さじ1と½を入れて、中火にかけます。鍋が温まり、油も熱くなったら、溶いた卵を一気に流し入れます。油が熱いと、卵がブワッとふくらみます。箸やヘラで大きく混ぜます。これは、卵の中に熱い油をまわすため。油の熱が入ることで、卵に火が通ってふわふわになるのです。

卵に火が通ったら、弱火にして、長ねぎを加えます。ねぎの香りが出てくるまでよく炒めます。ここで長ねぎをちゃんと炒めないと、ねぎ臭さが出るし、ねぎにも水分があるので、ご飯がべちゃっとする原因になります。長ねぎの水分が蒸発すると、それと引き換えのようにねぎのいい香りがしてきますよ。

ねぎの香りが出たら、ご飯３００グラムを入れます。すぐに粗塩小さじ⅓をふります。

油が温まったところへ
溶き卵を入れて炒める。
卵に火が通ったら
長ねぎを加えて炒め、
香りが立ったら
ご飯を入れて炒める。

粗塩は味つけだけではなく、ご飯の粘り気を消す働きもしてくれます。だから早めに加えます。

油を含んだ卵とご飯をなじませるように、弱火で炒めます。

弱火で、ここからすごく時間をかけて炒めなければなりません。そういう心構えでいてくださいね。弱火というのは、炒め鍋の底にガス火の炎の先がギリギリ当たるくらいの火加減です。火を強くしてしまうと、お米の水分をじっくり蒸発させることができないし、卵やねぎの色も悪くなります。できあがったときにうれしくなってしまう、やさしい卵の黄色と長ねぎの緑は、弱火で炒めるからこそあらわれる色なのです。

ときおりヘラでご飯を返しながら、弱火でじっくりじっくり炒めます。炒めることで、

ご飯の水分を
飛ばすために
弱火でじっくり炒める。
シャーシャーという
音が聞こえなくなれば、
チャーハン完成の合図。

お米の表面の水分を飛ばしているんです。どこまで炒めるかといえば、蒸気が出なくなるまで、音が静かになるまで。炒めるときにシャーシャーと出る音は、蒸気の出ている音です。その音が静かになれば、ご飯の水分がしっかり飛んで、パラパラのチャーハンになった合図です。トータルで10分ほど炒める感じでしょうか。

こしょうをふり、最後に少しだけごま油をまわしかけましょう。香りづけのために加えるごま油は、茶色いごま油です。

はい、できました。たまらない香りです！　ご飯がパラパラで、口に入れると香ばしさと甘さが広がる、本当においしいチャーハンです。うちのチャーハンは食べれば食べるほど、もっと食べたくなるチャーハンなんです。

チャーハンの具はちょっとでよいのですが、その「ちょっと」にお肉が入っていると喜ぶ人たちもいますよね。そんなときは、蒸し豚を入れましょう。「蒸し豚チャーハン」は家で作った蒸し豚（121ページ）を2人分で50グラム使います。蒸し豚は小さな角切りにします。

炒め鍋に太白ごま油をひいて、ふわふわ卵を作り、ねぎのみじん切りを加えて炒めるところまで、「卵とねぎのチャーハン」の作り方と同じです。ねぎの香りが出たら、蒸し豚を加えて炒め合わせ、ご飯、粗塩を入れて、ぱらりとするまで弱火でじっくり炒めます。

卵と長ねぎだけの
チャーハンを
まずは作って
みてください。
幸せの色と味。

蒸し豚チャーハンには、しょうゆを小さじ1程度加えて風味をつけるとおいしいです。豚肉と相性のよい黒こしょうをふり、茶色いごま油を少しまわしかければ完成です。

蒸し豚の代わりにじゃこ、桜えびなどで作っても結構です。ご飯を炒めたあとにちぎったレタスを入れてサッと炒める「レタスチャーハン」もおいしいです。

最後に、チャーハン作りで大事なことを。家庭でチャーハンを作るときは、直径24センチぐらいの炒め鍋を使うのがおすすめです。このサイズは、2~3人分のチャーハンを作るのにちょうどいいです。逆に言えば、家庭のチャーハンは、多くても一度に作るのは2~3人分まで。もっとたくさん作りたいときは、大きな鍋を使うのではなくて、24センチほどの鍋で2回に分けて作ったほうがいいです。炒め鍋が大きすぎると、鍋全体が温まらない。それではチャーハンがおいしく作れないのです。だから大きすぎる鍋、多すぎる量は禁物です。覚えておいてくださいね。

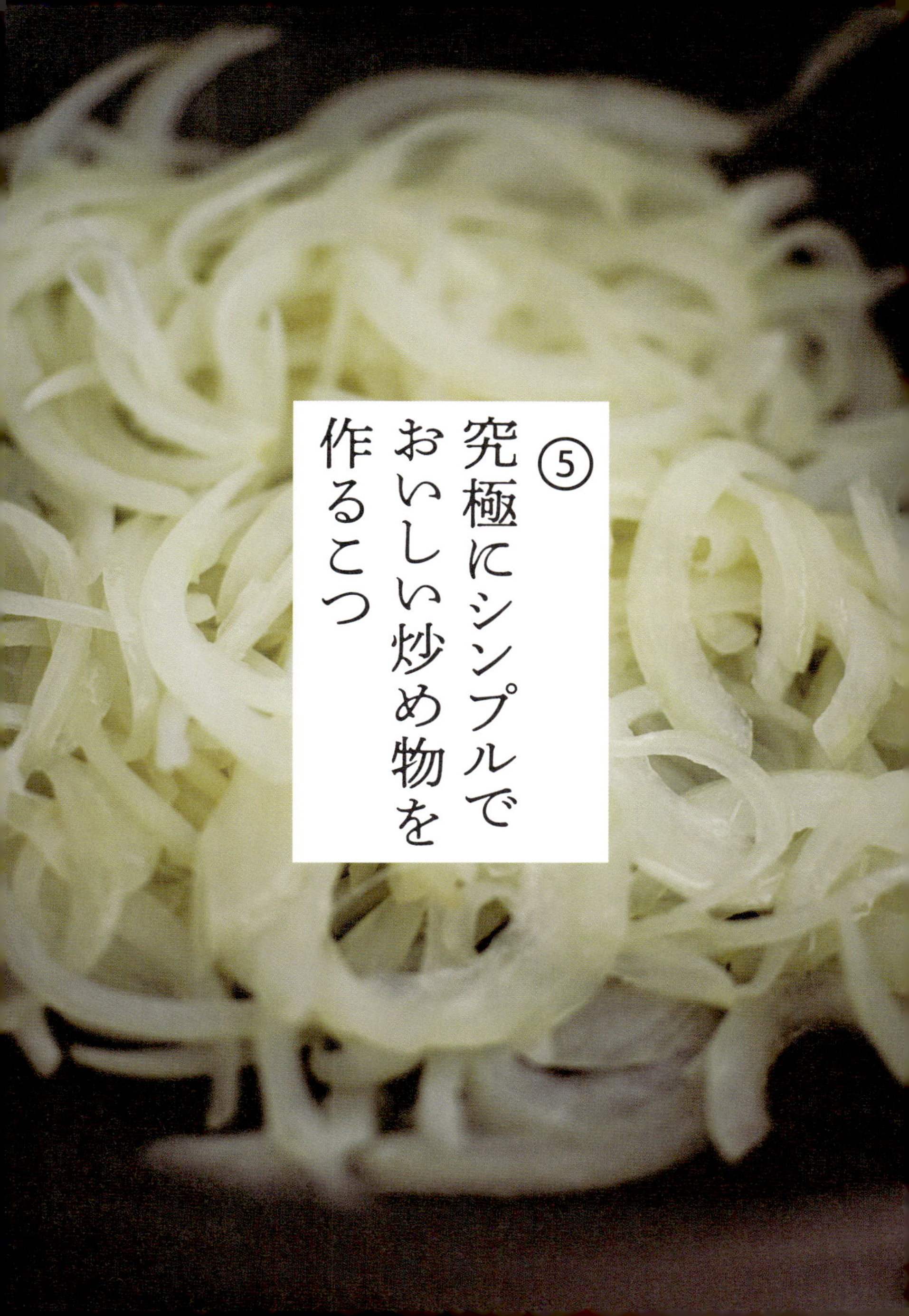

⑤ 究極にシンプルでおいしい炒め物を作るこつ

うちで炒め物を食べた人はみんな言います。「シンプルなのに、どうしてこんなにおいしいんですか⁉」と。お答えする前に、逆にお聞きしたいのです。「みなさんは炒め物を、どんな料理だと思っていますか？」って。

冷蔵庫の中の野菜や肉などを寄せ集めて、ちゃちゃっと強火で炒め合わせて「はい、できあがり」が、炒め物だと思っているのではないかしら？　炒め物にこんなイメージをお持ちだとしたら、残念ながら、炒め物上手になることはできないと思います。

まずは今ある「炒め物」のイメージを、いったん頭の中から消してください。そして、まっさらな一年生の気持ちで、これからの説明を読んでいただきたいです。

ほかの調理法と違って、実は炒め物には共通ルールというものがありません。炒め物は、「素材と向き合う料理」。つまり、素材ひとつひとつによって、炒め方が違うのです。玉ねぎがいちばんおいしくなるように、長ねぎがいちばんおいしくなるように、卵がいちばんおいしくなるように、油で加熱する――それが炒め物です。

合わせる材料も、なんでもいいというわけじゃなくて、「玉ねぎには牛肉」というように、素材ごとに、抜群に相性のよい組み合わせというものがあります。そして、炒め物ごとに、おいしく作るセオリーがあって、それを守れば、「なんですか！　このおいしさは！」という味に必ず仕上がる。ですから、ひとつずつ確実に覚えていただくのが、炒め物上手になる最短ルートだと思います。

この章では、「玉ねぎ」「長ねぎ」「卵」という、いつも家にある3つのおなじみ食材で作る「いちばんおいしい炒め物」をご紹介します。野菜+たんぱく質の2種炒めで、メインのおかずになりますから、まずはこの3品をマスターしてください。3品が上手に作れるようになると、おのずと炒め物のこつがわかってくるはずです。

玉ねぎと牛肉炒め

いつも家にある野菜の筆頭は、玉ねぎだと思います。玉ねぎと相性がいいのは、ズバリ牛肉です。牛赤身の薄切り肉を買ってきましょう。「玉ねぎと牛肉炒め」は、いつ食べても本当においしい、リピート間違いなしのおかずです。材料は玉ねぎと牛薄切り肉だけ。味つけは塩、こしょうだけ。究極のシンプル炒めです。

牛赤身の薄切り肉200グラムは、炒める前にゆでます。「ゆでる？　めんどくさい〜」という声が聞こえてきそう。でも、牛肉は絶対に下ゆでしたほうがいいんです。下ゆでをすれば、その理由がよくわかります。

鍋にお湯を沸かして、グラグラと沸騰する前の、お湯が熱くなったかな？ぐらい（70〜

80度）のところで牛肉を全量入れます。お湯が熱すぎると、肉がぎゅっと縮まってかたくなってしまうので、沸騰前のお湯でゆでてください。肉にやさしく火が通り、やわらかくゆで上がります。

牛肉を入れると、すぐにお湯にアクが浮いてきます。牛肉はアクがすごい。見ていると、どんどん出てきます。つまり、下ゆでしないで直接炒めると、このアクまで食べることになる。アクを含んだ肉を炒めて、調味料で味つけすることになります。

これは、顔を洗わないでお化粧をするようなものです。下ゆでをしないで炒める肉にはアクやえぐみがありますから、それを隠すためにたくさんの調味料が必要になります。いわば厚化粧の料理になってしまう。仕上がりのおいしさは、こうした下ごしらえをしているかどうかで、大きく違ってきます。

食べられるぐらいまで牛肉に火が通ったら、火を止めます。そして肉を少しずつ菜箸でつかみ、ゆで湯の中でしゃぶしゃぶしてアクを洗い落とし、水気をきります。水気をきった肉はボウルに入れて、片栗粉小さじ½をまぶします。片栗粉は肉に味をまとわせる〝のり〟の役目。片栗粉じたいはおいしいものではないので、少量をまぶせばＯＫ。

次は玉ねぎです。玉ねぎ1個の皮をむき、縦半分に切って、端から薄切りにします。炒め鍋に太白ごま油大さじ1と玉ねぎを入れて、中火にかけます。ご存じのように、玉ねぎ

は炒めると甘くなります。メインの素材のひとつであると同時に、この炒め物では玉ねぎに「調味料」の役目もしてもらいます。だから甘みを十分に引き出すように、しっかり炒めます。

　玉ねぎに透明感が出てくるまでじっくり炒めたら、牛肉を入れて炒め合わせます。玉ねぎも牛肉も「そのまま食べられる」ぐらいに火を通してから合わせるので、これ以降は早いです。粗塩小さじ½、粗びき黒こしょう小さじ¼を加えて、サッと和えればできあがり。こしょうは多めがおいしいですよ。

「フライパンは、加熱するボウル」は、私がよく使う表現です。それぞれしっかり火を通した玉ねぎ、牛肉を炒め鍋の中で合わせて、塩こしょうを加えて和える。ちなみに味つけ

牛肉は必ず下ゆでする。
色が変わるまで
しっかりゆでて、
アクを洗い落とす。
水気をきって、
片栗粉をまぶす。

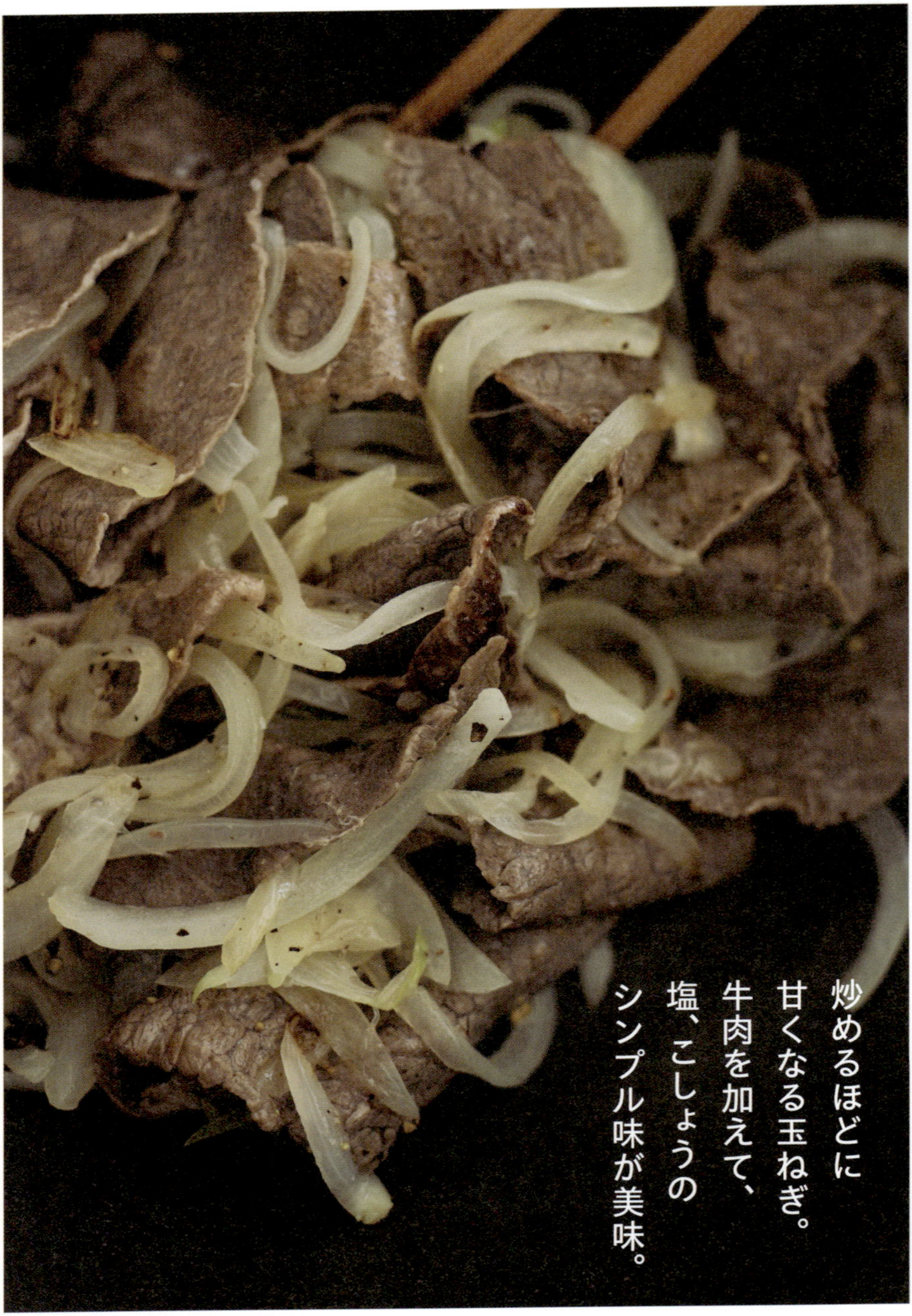

炒めるほどに
甘くなる玉ねぎ。
牛肉を加えて、
塩、こしょうの
シンプル味が美味。

の塩は最後に加えます。調理途中で塩を入れると、塩が素材に浸透して、味が薄く感じられてしまいます。「あれ？　薄いかな？」と、つい追加で塩をふったりして、結果的に濃い味つけになりがち。その点、最後に塩を入れると、素材の表面に塩がつくので、食卓でいただいたときにまず塩気が感じられ、それから素材の甘さやうまみを味わうことになる。薄めの味つけでも、おいしく感じる料理の秘訣です。

「玉ねぎと牛肉炒め」の味つけは、塩の代わりにしょうゆでも、オイスターソースでもいいです。お好みや日替わりでどうぞ。ただし、調味料をいろいろ入れないこと。調味料はプラスすればプラスするほど、よくわからない味になってしまいます。素材のおいしさを生かすには、調味料もできるだけシンプルにしたほうがいいのです。

長ねぎと豚肉炒め

次は長ねぎです。長ねぎと相性がいいのは、豚肉です。豚こま切れ肉200グラムを買ってきましょう。そうすれば「長ねぎと豚肉炒め」がすぐに作れます。これも、お客さまにお出ししても喜ばれる、ご飯がよく進むおかずです。

豚こま切れ肉は、下ゆでをせずに、じかに炒めてOKです。理由は、豚こま切れ肉は牛肉ほどアクがないから。牛に比べて豚はからだが小さいです。からだが小さい家畜のほうが、持っているアクが少ないのです。

ここで、ウーの「豚肉とキャベツ炒め」(『10品を繰り返し作りましょう』12ページに掲載)をご存じの方は、「あれ? 豚肉も下ゆでしますよね?」と思ったかもしれません。豚肉を下ゆでするかどうかは、肉の厚さによって決まります。「豚肉とキャベツ炒め(回鍋肉)」は厚めの豚肉を使います。肉が厚めになればアクも多くなるので、下ゆでが必要になりますが、薄いこま切れ肉はそのまま炒めて大丈夫です。

豚こま切れ肉に下味をつけます。こしょう少々、酒大さじ1、粗塩ひとつまみ、片栗粉小さじ½が下味の調味料です。

長ねぎ1本は、白い部分と緑の部分の両方を使います。1本分すべて斜め薄切りにします。

ボウルに合わせ調味料を作っておきます。しょうゆ大さじ⅔、黒酢とはちみつ各小さじ1を混ぜ合わせます。この合わせ調味料はすごくおいしい。覚えておくと重宝します。

炒め鍋に太白ごま油大さじ1と、下味をつけた豚肉を入れて中火にかけます。

炒め物に「強火で一気に炒める」イメージを持っているとしたら、それはもう、捨ててしまいましょう。家庭の炒め物は、普通の家庭用のコンロでおいしく作れる方法でなければば意味がないです。「やさしい火加減」で「時間をかけてじっくり」と作るものなんです。炒め物は決して時短料理ではないのです。時間をかけて作ったほうが、ずっと上手にできます。

さて、豚肉の脂身には水分は少ないですが、赤身には水分がたくさん含まれています。この水分を、炒めて蒸発させておくことが、味のよい料理に仕上げるうえで大切です。肉を強火でサッと炒めると、火が通りはしますが、赤身の水分を蒸発させるところまでには至りません。そうすると、お皿に盛ったときに、じわじわと（おいしくない）水気が出てくるわけです。

水気の出ない炒め物を作るには、豚肉を中火程度の火加減でじっくり炒めることが大事

赤身の豚こま肉は中火でよく炒めて、水分をきちんと飛ばす。それから味つけして、長ねぎを加える。

です。そうして水分をしっかり蒸発させる。「炒めすぎると肉がかたくなる」というイメージも払拭してくださいね。「これ以上炒めすぎると、肉が脱水状態になっちゃう」というところまで、しっかり炒める。そうすると肉の中に水分がないから、調味料などの味が入りやすく、おいしい料理ができるのです。お皿に盛ったときに水気が出てくる心配もありません。

豚肉をしっかり炒めたところで、作っておいた合わせ調味料を加えます。肉の水分が蒸発しているので、肉が合わせ調味料をぎゅっと吸い込んでくれます。最後に長ねぎを加えて炒め合わせ、ねぎがしんなりすれば完成です。

おいしい味をまとった豚肉と、長ねぎの甘みとうまみ。「いつもの炒め物と違うけれど、これ、どうやって作ったの？」と驚かれること請け合いの一品です。

豚肉にはおいしい
味をつけて、
長ねぎは
自分の甘み
だけで勝負。

●卵と小松菜炒め

ふわっとした卵炒め。それこそみなさんが「上手に作れるようになりたい」と思っている炒め物ではないかしら。

卵はいつでも冷蔵庫にありますよね。単品で炒めてもいいですし、卵は相手を選ばないので、いろいろな具材と炒め合わせることもできます。相手はなんでもいいのだけれど、まずマスターするなら「卵と小松菜炒め」がおすすめです。黄色と緑で色合いがきれいだし、小松菜は一年中手に入りやすいから、いつでも作れます。年中作っても、飽きない炒め物です。

2人で小松菜1束はペロリと食べられてしまいます。3〜4センチに切ってボウルに入れ、粗塩小さじ⅓をふります。粗塩をふってから炒めたほうが、浸透圧の影響で小松菜は火の通りが早いです。これは北京の私の母がやっていたこと。母はいつどこで、塩の浸透圧を利用することを知ったのでしょうね。わかりませんが、確かにこうすると小松菜をスピーディーに、シャキッとした歯触りに炒めることができるんです。

長ねぎ5センチは薄切りにします。

卵2〜3個をボウルに溶きほぐします。小さめの卵なら3個、大きめなら2個です。

まず炒めるのは卵です。炒め鍋に太白ごま油大さじ1と½を入れ、中火にかけて熱し、鍋と油を温めます。油が十分に温まったら、卵液を一気に流し入れて、菜箸で大きくかき混ぜます。

卵はすぐに火が通りはじめます。弱めの火が鍋底全体に当たる火加減にして、卵の固まっている部分を菜箸で鍋の側面のほうへ寄せて上げ、まだ固まっていない卵液を鍋底に流すようにして、鍋底にある油が卵の中にまんべんなく入るようにします。この動作を手早く繰り返すことで、卵がふわふわになるのです。

卵をふわっとさせるのは、油の力なんです。卵の中に熱い油が入れば、卵の温度がどんどん上がって、卵がふくらんでふわっとする。卵炒めは、油をいかに手早く卵に入れてい

油が温まったら
卵液を一気に入れる。
弱めの火で、
卵に油が入るように
菜箸で大きく
混ぜながら火を通す。

くか、油の熱をいかに卵液全体にまわしていくかがポイントです。これを意識して作れば、必ず上手になります。

炒めた卵をいったん取り出し、次に野菜を炒めます。卵を取り出した炒め鍋に太白ごま油大さじ½を足して、まずは長ねぎを入れ、弱火でいい香りがするまで炒めます。長ねぎは具材というよりも、油に香りとうまみを移して、油をおいしくする役目です（56ページに詳しく書いています）。

香りが出てきたら、小松菜を入れます。少し火を強めて（弱めの中火）炒めます。小松菜を広げたら、あまりかき混ぜずに観察してください。今、炒め鍋の中で何が起きていると思いますか？

長ねぎを炒めてから
小松菜を入れる。
弱めの中火で加熱して
蒸気を出し、
その蒸気で
小松菜に火を通す。

鍋にひいた熱い油で小松菜が熱せられ、汗をかいています。その汗を蒸気として出しているところです。この蒸気を全体にまわして、〝自分の蒸気〟で小松菜に火を通すことで、小松菜のおいしさがしっかり味わえる炒め物になります。だから、箸でシャカシャカ混ぜて小松菜を急がせたりせずに、じんわり加熱して、小松菜にじっくり蒸気を出させてあげましょう。

もう一度言いますが、炒め物は時短料理ではないのです。小松菜から蒸気が出て、それが全体に行き渡るためには、ある程度の時間が必要です。だから触らず、じっと待って蒸気が十分に出てきたら、小松菜を軽く返します。

鍋中を見ていて、小松菜が「わあ、きれい！」という緑色になれば、葉っぱだった小松菜が食べ物に変わった合図。ここで卵炒めを鍋に戻し入れます。軽くほぐして小松菜と合わせるようにすると、卵が小松菜の水分を吸ってくれます。こしょうをふってできあがり。最初に小松菜にまぶした塩で塩味はついていますが、味見をしてみて、もし足りないようなら、最後に粗塩を少しふってください。

こうして作った「卵と小松菜炒め」は、お皿に盛って時間がたっても水気が出てこないのです。強い火で、半ば強引に火を通そうとすると、小松菜の繊維が壊れて水気が外に出てしまいます。一方、やさしい火加減でじっくりと、小松菜自身の蒸気で火を通すと、シ

小松菜が鮮やかな
緑になったら、
ふっくらと炒めた
卵を加え
炒め合わせます。

ャキッと歯ごたえよく、野菜のうまみと甘みが濃く感じられる。そこへ卵のふんわりが混ざり合うのですから、おいしくないはずがありませんよね。

おさらいしておきます。卵は、熱い油で全体に手早く火を入れる。小松菜は、蒸気をまんべんなく出して、その蒸気を全体に行き渡らせて加熱する。素材ごとに違う炒め方のこつを知れば、ふんわりシャキッの家庭のごちそうができるのです。

⑥ 肉は、とにかく蒸しましょう

子供や若い人は、肉料理が大好きですよね。うちの子供たちも肉が好きでしたから、私もしょっちゅう肉料理を作っていました。年を重ねてからも、たんぱく質をとるために「お肉を食べなくちゃ」という気持ちがいつもあります。

でも残念ながら、外食や、外で買ってくるお惣菜の肉料理は、ヘルシーなものばかりではありません。揚げ物のように油を多く使ったものや、味つけの濃い料理が多く目にとまります。お店が利益を出すためには、コストを抑えなければならず、材料に上質な肉はなかなか使えません。そこを、油でうまみを加えたり、濃い味つけにしたりすることで、食べた人が満足できるような料理に仕上げているわけです。するとどうしてもハイカロリーのおかずになってしまう。ですからお伝えしたいのです。肉料理こそ、家庭で作りましょう！　家庭で作れば、ヘルシーでおいしい肉料理が食べられますから。

私は肉を買ってきたら、とにかく蒸します。それがいちばん簡単で、ラクチンで、おいしい食べ方だと思うから。理由をご説明しましょう。

みなさんは家庭の肉料理というと、どんなものをイメージするでしょうか。「薄切り肉を買ってきて、チャチャッと炒めて……」と考える人が多いのではないかしら？　でも実は、炒め物は決してお気楽な料理ではないのです。炒め物は、ずっと鍋の中を見ていないといけないから、つきっきりになります。それに、おいしい炒め物を作るには、5章でご紹介しているように下ごしらえがとても大切。炒める前に肉を下ゆでするなど、意外に手間がかかります。火加減の調整やタイミングも重要です。

その点、肉を蒸すのはラクチン。蒸気の上がった蒸し器に入れて、放っておけばいいんです。肉を蒸している間にほかのことができます。蒸し時間も、目安の時間はありますが、少しくらい長くなっても大丈夫。これが「肉は蒸す」をおすすめする理由その①です。

「肉は蒸す」をおすすめする理由その②は、蒸すとおいしくなるから。

素材の中の水分が熱で蒸気になり、その熱い蒸気で包まれるようにして火が通るのが「蒸す」という調理法です。つまり、自分のうまみで自分を蒸すわけですから、素材のうまみが逃げず、むしろ凝縮されたようになる。

野菜も蒸すと味が濃くなっておいしいですが、「肉は蒸す」ことでうまみが外に逃げず、ジューシーにふっくらやわらかく火が通ります。試しに蒸したての肉をスライスして、塩と油（ごま油でもオリーブオイルでも）だけで食べてみてください。すごくおいしくて驚きますよ。「蒸す」は、素材のおいしさをはっきりとシンプルに味わえる調理法です。

「肉は蒸す」をおすすめする理由その③は、「食べられる下ごしらえ」だからです。蒸したてをそのまま味わったら、次のお楽しみもあるのです。蒸した肉さえあれば、調味料をからめるだけで、おいしいチャーシューのできあがり。野菜とサッと炒め合わせて食べてもいいですね。

蒸した肉は〝もち〟がいいのです。食品が悪くなるのは、まず「水分から」です。その食材が含んでいる水分や、食品のまわりについている水が、最初に悪くなる。その点、蒸した肉はゆでるのと違って水に触れず、自分の水分（肉が含む水分）を蒸気にして蒸発させながら、その熱い蒸気で火が通るわけですから、水分がうまい具合に抜けている。だから傷みにくいのです。冷蔵庫で数日はもってくれます。

もちろん蒸したてを食べるのが、いちばんおいしいです。だから、蒸したらその日に食べてほしい。保存のために肉を蒸すわけではないですよ。ただ、どうせ蒸すのであれば、鶏肉1枚よりも、一度に2枚を蒸したほうがお得ですよね。1枚も2枚も、蒸し時間は変わらないのだから。最初は蒸したてを塩と油をつける程度でシンプルに食べる。翌日は蒸して「食べられる下ごしらえ」がしてある肉で、炒め物や和え物を楽しむ。そういう利点が「肉を蒸す」にはあるのです。

ささみの蒸し方・簡単バンバンジー

ヘルシーな肉の代表といえば、鶏のささみです。脂分が非常に少ないのでヘルシーですが、ささみはご存じのように調理するとパサパサになりがちです。ゆでても煮ても焼いても、どうしたってパサパサになってしまう。「その点、蒸し物なら……」と続けたいところですが、ささみは蒸してもパサつきます。

でも、ご安心ください。そのまま蒸すのではパサつくけれど、あるひと手間で「これがささみ⁉」というふっくら感を保ちながら蒸し上げることができるんです。

そのひと手間とは、下味をつけることです。ささみを蒸すとき、私はいつも下味をつけて冷蔵庫に一晩置きます。下味は鶏ささみ4本に対して、こしょう少々、塩麹大さじ1です。こしょうは肉のくさみを消してくれます。発酵食品の塩麹は、肉にまぶすと肉が本当にやわらかくなります。でも塩麹がなければ、粗塩小さじ½と酒大さじ1でも大丈夫。お酒にも素材をやわらかくする作用がありますから。

蒸し器の湯を沸かして、十分に蒸気が上がったら、ささみを並べて入れます。そしてふたをして、中火で2分、弱火で5分蒸します。火を止めて、そのまま10分放置します。

「蒸す」の基本について、おさらいしておきましょう。蒸気が上がって熱くなった蒸し器に、冷たい材料を入れると温度が下がります。これを一気に熱くしたいので、最初は強めの火です。そして全体が温まれば、もう熱量は一定に保たれますから、弱火にしてＯＫです。強い火のままガンガン蒸すと、肉にストレスがかかって、かたくなってしま

鶏肉も豚肉も
「蒸す」のがいちばん。
そのまま食べられ、
いろいろと
展開もできます。

います。

最初は強火〜中火で全体を温め、温まったら弱火で素材に火を通す。火が通ったら、すぐにふたを開けない。火を止めて、ふたをしたまま放置する。

放置する理由は、何度もお伝えしているように、すぐにふたを開けてしまうと、素材（肉）がかいた汗（蒸気）がパーッと逃げてしまうからです。素材のうまみを含んだ蒸気の熱で、素材を包み込んで中まで火を通すのが、蒸すという調理法です。そのうまみの蒸気を逃さないように、ふたをしたまま少し放置する。放置することで蒸気が落ち着いて、素材（肉）の中にうまみの水分が戻り、肉がしっとりと仕上がるのです。

中火で2分+弱火で5分蒸し、火を止めて10分放置。これが鶏ささみの蒸し時間です。

蒸したささみはふっくら、しっとり。もちろん、そのまま食べてもいいのですが、バンバンジーにすると、いっそうおいしく召し上がれると思います。バンバンジーのごまだれの油分が淡白なささみと合わさることで、さっぱりとしつつコクのある一品になります。

ごまだれは、練りごま（白）大さじ1、しょうゆ大さじ1、黒酢大さじ½、お好みで花椒《ホアジャオ》粉小さじ⅓を混ぜ合わせます。練りごまがかたいときは、水大さじ½を加えてのばしてください。花椒粉はスーパーのスパイスコーナーで手に入ります。香りのよいスパイスですが、子供が食べるなら入れなくてもいいです（うちの子供たちは小さいころから好きでした)。

ごまだれをボウルに混ぜ合わせたら、ささみを手でさいて加えます。包丁で切るのではなく、繊維に沿って手でさっくりとさいたほうが、ささみにたれの味がなじむし、見た目にも表情が出ます。ささみとごまだれをまんべんなくしっかり混ぜ合わせてください。しっかり混ぜたほうがおいしく仕上がります。

きゅうり1本の皮をピーラーでむいて、包丁の腹をのせて上から軽くたたいてつぶし、4等分の長さに切ります。きゅうりをつぶすのは、繊維を断ち切りたいから。こうすることで味がからみやすく、食べやすくなります。きゅうりもささみのボウルに入れて、全体をよく和えます。

ささみは塩麹をまぶして一晩冷蔵庫へ。翌日、蒸気の上がった蒸し器で、強火2分+弱火5分、火を止めて10分放置。手で食べやすくさく。

蒸したささみと
生のきゅうりを
ごまだれで和える
バンバンジー。
香りとコクの一品。

これで「簡単バンバンジー」のできあがりです。下味をつけて蒸すことでパサつかずにふっくらと火の通ったささみが、ごまだれのコク、きゅうりのみずみずしさと合わさることで、さらにおいしくなります。バンバンジーはささみ以外の、蒸した鶏むね肉や鶏もも肉で作ってもいいですよ。わが家では暑くなってくると、ちぎったみょうが、大葉、バジルやミントなどの香味野菜を日替わりで加えたバンバンジーが、毎日のように食卓に登場します。ぜひ味わいの変化を楽しんでください。

鶏もも肉の蒸し方・ねぎだれのせ

最高においしい蒸し料理をお教えしましょう！「蒸し鶏のねぎだれのせ」です。これはね、本当においしい。私が大好きで、みなさまにもぜひ食べていただきたい料理です。用意するのは鶏もも肉です。鶏もも肉は、ささみやむね肉に比べて適度な脂がある部位です。脂がある分、肉じたいがジューシーです。蒸すことで、そのジューシーさがぐんと際立つのです。蒸したもも肉を頬張ると、口の中にうまみのある肉汁がジュワッと広がります。そこに、長ねぎを細かく刻んだ塩味のたれが合わさることで、香りと塩気のパンチが効いて、本当に美味。シンプルで、これ以上のものがあるかしら、と思ってしまいます。

では、作り方です。まず下味をつけます。鶏もも肉1枚の身の側に、塩麹大さじ½をまぶしつけて冷蔵庫に一晩置きます。どうせ蒸すなら、同じ時間と手間ですから、1枚よりも2枚同時に蒸したいですよね。それならば、もう1枚も同じように下味をつけてください。塩麹がない場合は、もも肉2枚に対して酒（日本酒か紹興酒）大さじ2＋粗塩小さじ1で下味をつけましょう。

翌日、もも肉を蒸す20〜30分前に冷蔵庫から出して、常温に戻します。そして皮を外側にしてくるくると巻き、巻き終わりを楊枝でとめます。

皮を外側にして肉をくるくると巻くのは、こうすると味が逃げないからです。蒸すときに、肉のうまみが外に出るのを皮がガードして、うまみが肉の中に封じ込められたように

もも肉は下味をつけ、皮を外側にしてくるくる巻く。蒸気の上がった蒸し器で中火2分＋弱火15分、火を止めて15分放置。

なります。つまり、とてもおいしく蒸し上がる。見た目も可愛いでしょ。

くるくる巻いたもも肉を蒸気の上がった蒸し器に入れ、ふたをして中火で2分、弱火で15分蒸したら火を止めます。ふたをしたまま15分放置します。

中火で2分+弱火で15分蒸し、火を止めて15分放置。これが鶏もも肉の蒸し時間です。肉が大きい（1枚が300グラムほどある）場合は、弱火で蒸す時間をさらに5～10分増やすといいでしょう。

放置している間に、ねぎだれを作ります。

長ねぎ½本を、なるべく細かいみじん切りにします。彩りのためにも、ぜひ緑の部分も入れてください。粗塩小さじ½、粗びき黒こしょう少々、ごま油大さじ1。これをよく混ぜれば、ねぎだれのできあがり。

ロール状に蒸し上がったもも肉1枚分を、1センチ半ほどの厚さに切って、お皿に並べ、上にねぎだれをたっぷりかけます。たっぷりのほうが絶対においしいですから。

さあ、召し上がってみてください。ねっ、ほっぺたが落ちそうなおいしさでしょう？

蒸したてのもも肉を食べるとき、ねぎだれに勝るものはないと私は思います。家でしか食べられない、最高にシンプルな鶏肉料理。リピート間違いなしの一皿です。

しっとりと
蒸し上がった
もも肉は、
ねぎ塩だれと
相性抜群！

● 鶏むね肉の蒸し方・鶏肉と小松菜炒め

ささみ、ももときたら、残りはむね肉です。むねも脂が少ないヘルシーな部位です。むね肉は肉厚で、ささみよりも食べごたえがあるせいか、昨今のヘルシー料理ブームで人気の食材ですね。

うちの息子は小さいころは鶏もも肉の唐揚げが大好きで、リクエストがあったらいつでも唐揚げが作れるようにと、冷蔵庫に下味をつけたもも肉を常備していたものです。彼も社会人となり、飲み会などもある生活だから、家ではすっかりむね肉派に。今や蒸したむね肉が彼の最も求める料理なのですから、なんだか感慨深いです。

むね肉も、下味をつけて一晩置いてから蒸します。鶏むね肉（皮ありでも、皮なしでも）1枚を皮側を下にして広げ、身側を10か所ほどフォークで刺します。それをしてから塩麹大さじ½（または日本酒か紹興酒大さじ1＋粗塩小さじ½）をまぶしつけます。むね肉は厚みがあるので、表面に塩麹をまぶすだけでは味が入りにくい。そのためフォークで穴を開けて、味がしみやすくするわけです。下味をつけるのは身の側だけでＯＫです。

むね肉もどうせ蒸すなら、一度に2枚蒸したいところです。もう1枚も同じように下味をつけ、肉を広げたままバットやトレイにのせてラップをかけ、冷蔵庫に一晩置きます。

鶏むね肉も
蒸すとふっくら。
サラダチキンに、
炒め物に、
いろいろ楽しんで。

翌日、むね肉を皮を下にして蒸します。そのまま蒸してもいいのですが、私はローズマリーを1枝ずつ肉の上にのせます。むね肉は、ちょっと軽やかな味わいなので、その軽やかさに、ローズマリーのさわやかな香りが合う気がするんです。ベランダガーデンなどにローズマリーがあれば、お試しください。

蒸気の上がった蒸し器にむね肉を入れ、ふたをして中火で2分、弱火で12分蒸します。火を止めて、そのまま15分置きます。

中火で2分＋弱火で12分蒸し、火を止めて15分放置。これが鶏むね肉の蒸し時間です。もも肉よりも弱火にかける時間が少し短いだけで、あとは同じです。

蒸したむね肉の食べ方としておすすめなのが、小松菜と炒めることです。小松菜という野菜は、脂の少ない肉と相性がいいのです。さっぱりしたむね肉と炒めることで、肉はもちろん、小松菜がよりおいしく食べられます。「蒸し鶏と小松菜の炒め物」は、ご飯のおかずにもぴったりの料理です。

2人分で、蒸した鶏むね肉½枚を使います。皮を取り除き、繊維に沿って薄切りにしてから、細切りにします。ボウルに入れて、粗びき黒こしょう少々、片栗粉小さじ½をまぶし、下味をつけます。こしょうは肉のくさみをとってくれます。片栗粉は炒めるときに味のからみをよくすると同時に、むね肉の食感をしっとりとさせてくれます。

小松菜は切って、
塩をまぶす。
むね肉は細切りにして
下味をまぶす。
長ねぎを炒めてから
むね肉を炒める。

小松菜150グラムは、3センチ幅に切ってボウルに入れ、粗塩小さじ⅓をふります。塩をふることで、浸透圧の影響で小松菜から早く水分が出ます。炒め物は、素材の水分が熱によって蒸気になり、その蒸気で火が通る調理法です。野菜から早く水分が出れば、それだけ手早く炒められるわけで、炒め時間が短いほど野菜がシャキッと歯ごたえよく仕上がります。

長ねぎは5センチを斜め薄切りにします。炒め鍋に太白ごま油大さじ½と長ねぎを入れて、中火にかけます。じっくり炒めて、ねぎの香りを出しましょう。そうです、ここで「ねぎ油」を作っているのです。

ねぎの香りが立ったら鶏むね肉を入れて炒め、油をなじませます。小松菜を加えて炒め

蒸したむね肉は、炒め物にも向きます。相手は小松菜やピーマンで。

合わせ、酒大さじ1をふって火を強めます。酒を加えるのは、もっと蒸気をたくさん出して、一気に炒めたいから。ですので酒が蒸気に変わるまでは、箸やヘラで混ぜたりせずに、ちょっと待ってください。

見ていると酒が蒸気に変わって、盛んにシャーシャーと蒸気が上がってきます。そして小松菜が一瞬で青々としてきます。そうしたらサッと全体を混ぜて、ごま油小さじ½をふり、香りをつければ完成です。最後にふるごま油は、香りの高い茶色いごま油です。

炒める前に小松菜に塩をふっていますので、塩味はついていますが、物足りなければ最後にしょうゆ少々をふってもいいです。

この炒め物は、小松菜の代わりに、せん切りのピーマンで作れば青椒肉絲《チンジャオロース》になります。こちらも作ってみてください。調味料をあれこれ入れず、塩と油と、場合によってはしょうゆ程度で仕上げるシンプルな一皿。毎日でも飽きずに食べられる炒め物です。

●豚肩ロース肉の蒸し方

鶏肉だけでなく、「肉は蒸す」は、豚肉もおすすめです。蒸し豚もおいしいの。なかでもいちばんは、やっぱり肩ロース肉。肩ロースは、豚肉の中でも最高においしい部位だと思います。

さて「肉を蒸す」のいいところは、かたまりの大きな肉にも簡単に火が通せる点です。かたまりの豚肩ロース肉も、放っておくだけで火が通って、とろけるやわらかさになるんです。ちなみに、中国では薄切り肉はほとんど使いません。そもそも売っていないのです。薄切りを使いたいときは、かたまりの肉を買ってきて自分でスライスします。話がちょっと脇道にそれますが、長方形の大きな刃のついた中国の包丁は、かたまり肉をスライスするときに重宝するのです。

どうして中国で薄切り肉が売られていないのかというと、肉はかたまりのままのほうがおいしいからです。昔から肉をよく食べてきた中国人は、そのことをよーく知っている。肉のおいしさにはうるさいですよ。だから、かたまり肉しか買いたくないのです。

それに肉に限らずどんな食材でもそうですが、空気が当たる切り口から酸化が始まり、劣化して味が落ちていきます。その意味でも薄切りやこま切れよりも、かたまり肉に軍配が上がるわけです。

一方、日本では、一般家庭で普通に肉を食べるようになったのは、近代になってから。まだ歴史が浅いせいか、豪快な肉料理にあまり馴染みがないのかもしれません。この本を手に取ってくださった方の中にも、「かたまり肉を調理したことがない」「そもそも買ったことがない」という方がいらっしゃることと思います。

そういう方ならなおさらのこと、蒸し豚にトライしていただきたいのです。蒸し豚は簡単で、失敗することのない料理です。かたまり肉を焼いたり、煮たり、揚げたりするのはとても大変ですが、「蒸す」なら放っておくだけでいいんです。放っておくだけで中までちゃんと火が通り、肉がかたくならず、ふっくらやわらかくなってくれる。「蒸す」は本当に便利な調理法です。

豚肩ロースのかたまり肉500グラムを買ってきましょう。お店では肩ロースのかたまりが、だいたい500グラム前後で売られています。

肩ロース肉500グラムを半分に切ります。2つに分かれたかたまりの両方に、下味をまぶしつけます。下味は肩ロース肉500グラムにつき、塩麹大さじ1と½が適量です。塩麹がない場合は酒大さじ3、粗塩大さじ½、粗びき黒こしょう少々をまぶします。下味をつけた肉をそれぞれラップで包み、冷蔵庫に一晩置きます。

翌日、蒸気の上がった蒸し器に肩ロース肉を入れ、ふたをして強火で3分、弱火で30分蒸して、火を止めてそのまま20分置きます。

強火で3分＋弱火で30分蒸し、火を止めて20分放置。これが豚肩ロース肉の蒸し時間です。

蒸した肩ロース肉はまず、蒸したてをそのままいただきましょう。食べやすい厚さにスライスして、大葉と交互に重ねてお皿に盛りつければ、見た目もおしゃれな一品のできあがり。

大葉と肉を一緒に口に入れてみてください。蒸し豚はさっぱりとしつつも、強いうまみがあり、大葉のすっきりとした涼味《りょうみ》と相性抜群。いくらでも食べられてしまいます。下味でまぶした塩分だけで足りなければ、粗塩をつけても。ボリュームがあるのに、ノンオイルでヘルシーな蒸し豚、高齢者にもおすすめのたんぱく質料理です。

下味をつけた豚肩ロース肉は中火3分+弱火30分、火を止めて20分放置。薄切りにして大葉と重ねる。

蒸した豚肉で
すぐにできる
ごちそうです。
薄く切って大葉と
重ねるだけなのよ。

蒸し豚のチャーシュー

最後に、みんなが大好きな肉料理をご紹介します。チャーシューです。「蒸す」とはつまり「食べられる下ごしらえ」でもあるとお伝えしました。下ごしらえがなされた「豚肩ロース肉の蒸し豚」があれば、ほんの10分くらいでチャーシューができてしまうのです。

蒸した豚肩ロース肉は、大きいまま1個（約250グラム）使います。調味料は合わせておきます。しょうゆ大さじ1、黒酢大さじ1、酒大さじ1、はちみつ大さじ½、茶色いごま油小さじ1をボウルに入れてよく混ぜます。しょうゆはコクがあって塩分が少なく、まろやかな風味の「たまりじょうゆ」を使うとさらに本格的な味になるので試してみてください。

炒め鍋に、合わせ調味料と大きいままの蒸し豚を入れて、弱めの火にかけます。ゆっくりと時間をかけて肉を温めるイメージです。同時に調味料を煮詰めながら、肉に味をからめていきます。ときおり箸で肉を転がし、調味料が肉全体になじむようにします。

ここで焦ってはいけません。弱めの火でじっくりじっくり加熱してください。強火だと、調味料があっという間に煮詰まって、肉にからむ前にキャラメルみたいになってしまいます。ふたをしないのは、水分を飛ばして調味料をほどよく煮詰めたいからです。

蒸した肩ロース肉と合わせ調味料を鍋に入れて、弱めの火にかける。肉を温めると同時に、たれを煮詰める。

炒め鍋に
蒸した肉と
調味料を入れて
温めれば、
チャーシューに！

弱火で肉を温め、調味料をほどよく煮詰めながら、調味料を肉のまわりにからめていく。これが、チャーシュー作りのポイントです。

調味料がキャラメル状になる前に取り出して、5分ほど置き、味が落ち着いたところでスライスしていただきます。白いご飯にも合うし、家族からリクエストされて、またすぐに蒸し豚を作ることになるかもしれませんね。

おさらいです。

蒸し豚は、蒸したてをまずはそのままいただく。これが最高です。そして、残った蒸し豚は冷蔵庫に入れて保存する。冷めると脂が固まるので、翌日食べるときは火を通したい。そうしたときに、肉を温めながら同時に味つけもできるチャーシューは、まさに最適の料理です。最初は蒸し豚そのままで、さっぱりと塩味でいただく。翌日はチャーシューのこってり味でいただく。味の変化がつくのもうれしいですね。

蒸した肩ロース肉をチャーシュー以外で食べるなら、スライスしてラーメンにのせたり、端切れをチャーハンに入れたりしてもいい。スープに浮かべるのもありですよ。

いかがでしょうか。「肉は蒸す」を私がおすすめする理由、おわかりいただけましたでしょうか。肉を蒸す技を身につけると、おかずが一気にグレードアップします。しかもヘルシーにグレードアップするのですから、作らない手はないのです。

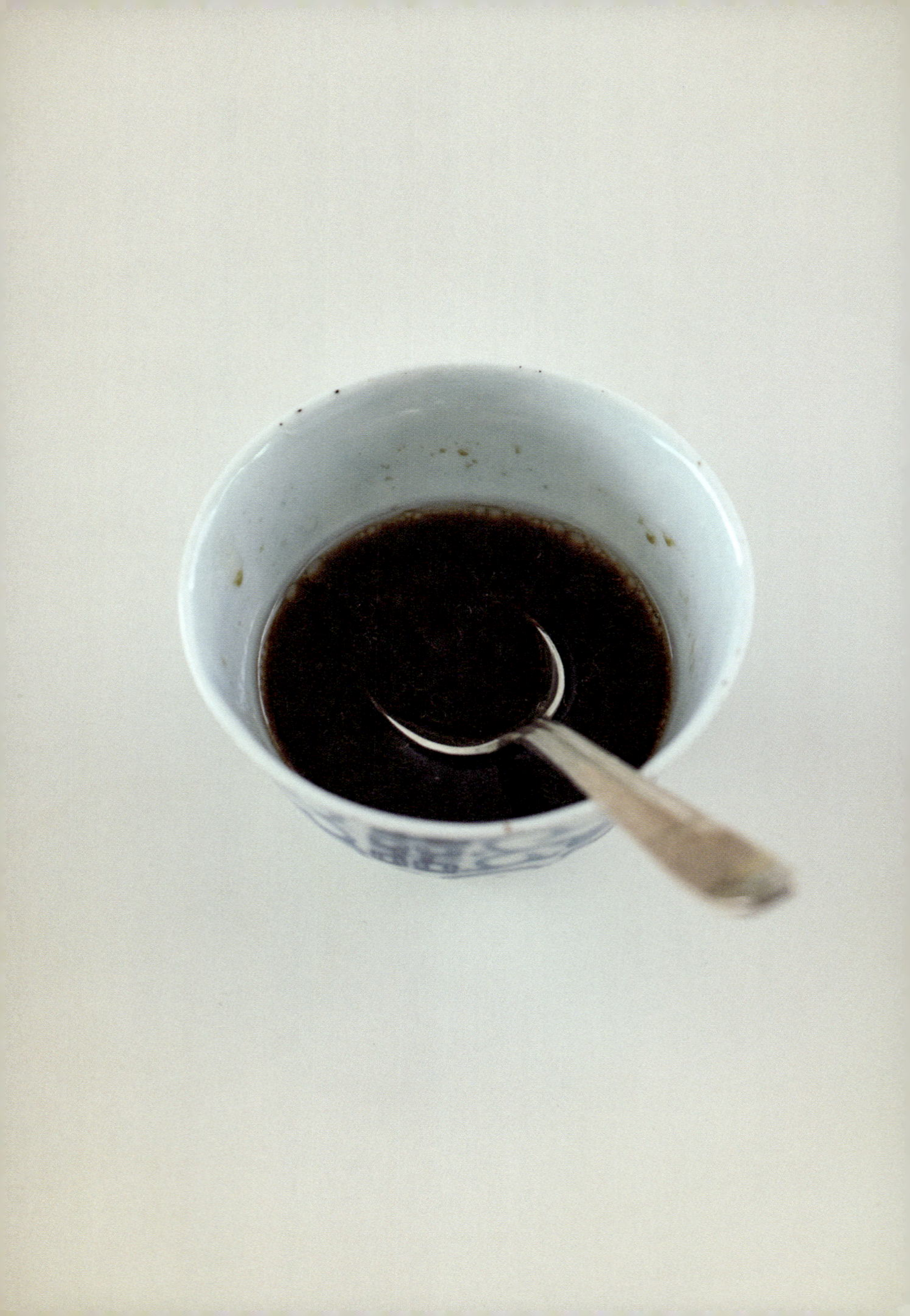

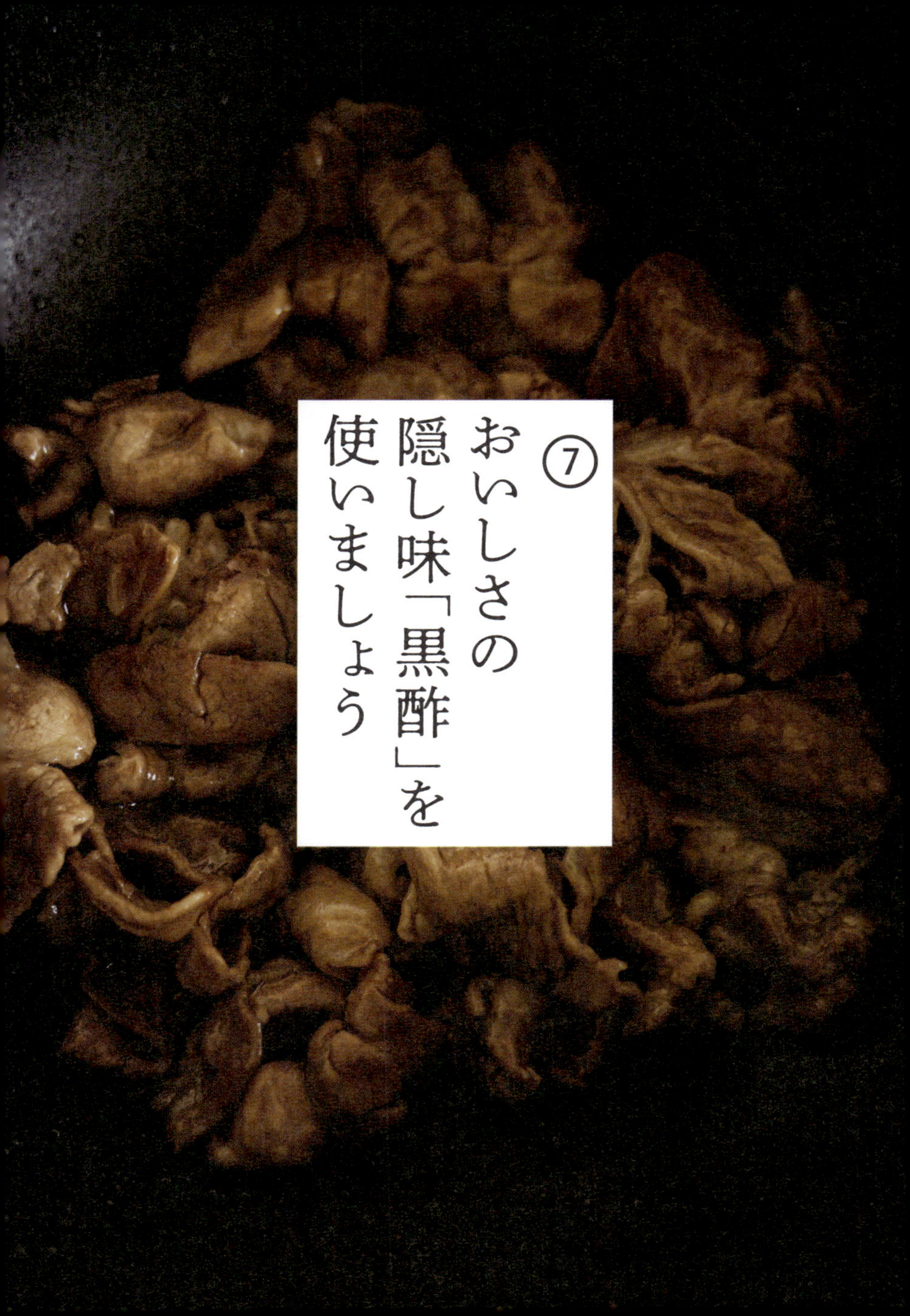

⑦ おいしさの隠し味「黒酢」を使いましょう

私は一日3食のほとんどの食事を、ごくありふれた調味料で作っています。塩（粗塩）、油（太白ごま油、ごま油）、しょうゆ、みそ、酒（日本酒、紹興酒《しょうこうしゅ》）、こしょう（黒こしょう、白こしょう）、はちみつ、そして黒酢。以上の8つがわが家の基本の調味料です。とてもシンプルです。

ドレッシングやたれの類いもマヨネーズも、冷蔵庫に入っていません。ドレッシングやたれは、基本の調味料でいくらでも作れるからです。それに市販のドレッシングやたれは、味が強すぎて、野菜や肉そのものにある素材のうまみが感じられなくなってしまう気がするのです。

わが家の基本の調味料のうち、みなさんにあまりなじみがないのは黒酢だと思います。黒酢は、ウー家のごはん作りに欠かせない調味料です。

そもそも中国では、日本の酢のような透明なお酢は、あまり使いません。黒酢が一般的なのですが、その黒酢も厳密に言えば、日本で作られている黒酢とは少し風味が異なります。でも、私は日本で暮らしていますので、日本製の黒酢を愛用しています。

黒酢は、大麦やもち米などの穀物を長期間発酵させて作る調味料です。発酵調味料ですから、からだによい成分がたくさん含まれています。血流をよくし、免疫力を高めてくれて、お肌にもいいアミノ酸が豊富。また、黒酢の主成分である酢酸は体内に取り込まれるとクエン酸に変わり、クエン酸は疲労回復に効果があるとか。

からだにいいばかりでなく、黒酢は料理を確実においしくしてくれます。

中国では黒酢を「酸味」として使うのではなく、料理をおいしくするための「隠し味」として使うんです。特に私の故郷である北京には黒酢を使う料理が多くありますが、酸味は表に出しません。酸味を感じない程度に使うことがほとんどです。料理にコクと深みがほしいときに、黒酢を使います。

黒酢には、たとえば次のような料理的効果があります。

黒酢は、肉をやわらかくしてくれます。

黒酢は、油を使った料理をさっぱりとさせて、油の分解をよくしてくれます。

黒酢は、じゃがいもの土っぽい風味をやわらげると同時に、じゃがいもの甘みを引き出し、シャキッとした歯ごたえにしてくれます。

黒酢は、きのこなどのクセのある食材の風味をよくしてくれます。

黒酢は、じゃこの魚くささを消してくれると同時に、カルシウムの吸収をよくしてくれます。

黒酢は、強いうまみがあるので、これを使うことで減塩、減油ができます。

こんなふうに黒酢には魅力がいっぱい。黒酢を上手に使うことで、家庭の料理はもっとおいしく、もっとヘルシーになるのです。では実際にどんなふうに使ったらいいのか、黒酢が欠かせない料理をご紹介していきますね。

薄切り肉の酢豚

酢豚こそ、黒酢で作っていただきたい料理です。普通の透明な酢で作ると、酸味が際立つので、砂糖などを多めに入れて甘みをつけてバランスをとりたくなります。そうして作った甘酸っぱすぎる酢豚が苦手、という人も多いと思うんです。

その点、黒酢なら酸味がマイルドだし、黒酢には肉をやわらかくする効果もあるので、とってもおいしい酢豚ができます。

酢豚は炒め物です。炒め物は下ごしらえが大事です。コロコロとした一口大の豚肉で作る酢豚は、肉を揚げて火を通してから炒めます。家庭のおかずで、下ごしらえに揚げ物をするのは面倒ですよね。ですから、薄切り肉で作りましょうよ。薄切り肉なら揚げずに、下ゆでですればＯＫです。誰ですか、「薄切り肉でも酢豚なんですか？」なんて言うのは。「豚肉」と「酢」を使えば「酢豚」でしょう。形状にとらわれる必要はないのです。おいしければいいですよね。

2人分で豚こま切れ肉250グラムを使います。鍋にお湯を沸かして、肉を一度に全部入れてゆでます。食べられるくらいまでしっかり火が通ったら、お湯の中でしゃぶしゃぶして脂やアクを落とし、水気をよくきってボウルに入れます。そして、こしょう少々、酒大さじ1、粗塩小さじ⅓、片栗粉小さじ1で下味をつけておきます。

下味のこしょうは肉のくさみをとるもの。酒は肉をやわらかくして風味をよくするもの。片栗粉は、あとで調味料を肉にからめるための〝のり〟の役目。

「片栗粉はそれじたいはおいしくもないし、栄養があるわけでもないので、少し使うので十分。でも、ないと困るもの」と私は教室でいつも言っています。そばで聞いているスタッフはもう、耳にタコができているかもしれません。でも、そうして同じセリフを何度も

豚こま切れ肉をしっかり下ゆでする。ゆで湯の中でアクを洗い落とし、水気をきって下味をまぶす。

聞いていると、みなさんが家で料理を作るときも、この言葉が天から聞こえてきて「片栗粉は少しでいいんだ」ってわかるんです。だから大事なことなんです。

ちなみに、ゆでた肉の水気をきるとき、ざるにあけないのは、ざるの網目に脂やアクがつくと、洗い落とすのが大変だから。ゆで湯の中でしゃぶしゃぶして脂やアクを落とし、しっかり水気をきればいいのです。そうすれば、面倒な洗い物がひとつ減る。主婦の知恵です。

合わせ調味料を用意しましょう。黒酢大さじ2、はちみつ大さじ1、しょうゆ大さじ½、酒大さじ1、ごま油大さじ½をボウルで混ぜ合わせます。ごま油は風味づけに入れるので、茶色いごま油です。

油をひいた炒め鍋に豚肉を入れて、合わせ調味料を加える。調味料が煮立ったら、箸で混ぜて豚肉に味をしっかりからめる。

仕上げに使う材料も用意しておきます。白いりごま大さじ1、パセリのみじん切り少々、白髪ねぎ10センチ分を使います。

では炒めますよ。炒め鍋に太白ごま油小さじ1を入れて中火にかけ、豚肉を炒めてから、合わせ調味料を加えます。調味料が煮立ってくるまでは、箸やヘラで混ぜないこと。混ぜると煮立ちが遅くなります。煮立つ＝調味料の水分が飛ぶ、です。煮立って水分が減ってきて初めて、調味料のうまみが出て、調味料どうしがなじんでおいしいたれになるのです。

調味料が煮立ったら、箸などで混ぜて豚肉に味をしっかりからめます。調味料のテリが出てきたら、白いりごまをふって混ぜ、器に盛ります。パセリと白髪ねぎをのせれば完成です。

すごく簡単で、これならいつでも作れますよね。豚こま切れ肉だけ買ってくればいいので、お手軽です。そして酸っぱすぎず、甘すぎず、黒酢のうまみがあるので塩分も油分も少しでいい、とてもヘルシーな酢豚です。お弁当にもぴったり。家庭の酢豚はこれがいいと思うのです。

とろんとやわらかい
豚肉が最高。
家庭の酢豚は
薄切り肉でラクに
作りましょう。

●じゃがいものシャキシャキ炒め

じゃがいもは二面性のある野菜です。蒸したり煮たりしたじゃがいもの、ほっくり、ねっとりとしたおいしさは、みなさん、よくご存じですよね。では、シャキッと炒めたじゃがいものおいしさはどうでしょう？　まだご存じない方も多いと思うのです。シャキシャキとして歯触りがよく、じゃがいもの甘さがしっかり感じられる炒め物のことを。

「じゃがいものシャキシャキ炒め」は私の大好きな料理です。この炒め物は、黒酢がなくては始まりません。黒酢はじゃがいもの土っぽさを消して、じゃがいもの甘みを引き出してくれます。またシャキシャキとした歯触りも、黒酢の効果なんです。とにかく一度、作ってみていただきたいです。

じゃがいも（メークイン）2個は皮をむいて、斜め薄切りにしてから、細いせん切りにします。さっと洗って、水気をしっかりきっておきます。

炒め鍋に太白ごま油大さじ1と花椒《ホアジャオ》10粒を入れて中火にかけます。「じゃがいものシャキシャキ炒め」の材料はじゃがいもだけで、淡白なので、花椒の香りで少し華やかさをプラスしたいのです。

油で熱することで、花椒の香りが立ってきます。そうしたらじゃがいもを入れて、花椒の香りがついた油をなじませるように混ぜながら炒めます。油がなじんだら、黒酢大さじ½を入れて混ぜます。

最初はじゃがいもが水気をはじいて、ジャージャーとにぎやかな音がしています。しかし炒め続けるうちに、音が静かになっていることに気づくはず。そうしたら弱火にして、じっくりと、じゃがいもが透明になってくるまで炒めます。

食べられるくらいに火が通るまで、スタート時点からトータルで5分ほど炒めます。そんなに炒めたら、じゃがいもがぐずぐずにやわらかくなりすぎるのではないかしら、と心配になるかもしれませんが、大丈夫です。黒酢がじゃがいものシャキシャキを保ってくれます。だから安心して、じっくりと火を通してください。

じゃがいもを
せん切りにして炒める。
油がなじんだら
黒酢を加え、
じゃがいもが透き通るまで
弱火で炒める。

黒酢の効果で
じゃがいもが、
シャキシャキの
歯触りに。あとを
引くおいしさです。

じゃがいもに火が通ったら、粗塩小さじ1/3で味つけします。これでできあがりです。食べてみてください。シャキシャキのじゃがいも、おいしいでしょう？　さっぱりとしていて、じゃがいもの自然な甘みが感じられて、「ほっくりじゃがいも」とはまた違う、なんだか美人な味なんです。作る人に似るのかしら？

黒酢を入れるけれど、酸っぱさはまるで感じられないと思います。酸味ではないところで、黒酢が大活躍している料理なんです。隠し味としての黒酢が、最大限に力を発揮してくれる料理といえるかもしれませんね。

きのこの酸辣湯

酸辣湯《サンラータン》と聞くと、何やら難しい料理みたいでしょう？　ところが、まったく難しくないんです。

もちろんお店で食べる酸辣湯は、いろいろな具材を入れた複雑なスープになっていると思います。でも、家庭でそれを作る必要はない、というのが私の意見です。お金をいただくお店の料理と、家族の健康を守る家庭の料理は別物です。

酸辣湯の「酸《サン》」は酸味です。黒酢がその役目をしてくれます。「辣《ラー》」は辛味です。こし

酸＝黒酢。
辣＝こしょう。
この2つがあれば
酸辣湯が
できるのです。

ょうがその役目をしてくれます。私は白こしょうを使います。黒こしょうは香りが強く、白こしょうは辛味が強いのです。辛いのが苦手なら、もちろん、黒こしょうで作ってもかまいません。

きのこをたくさん使います。きのこはだしの出る素材なので、きのこをたっぷり入れれば入れるほど、だしが出て、おいしいスープになります。しめじ、えのきを１００グラムずつ使います。ほかのきのこでもいいですが、しめじやえのきは小さいですから、石づきを取ればバラバラになって、きのこの可愛い形も残るでしょう。だから、私はスープにはしめじやえのきを使うんです。しいたけやエリンギや舞茸は切らなければ食べにくいし、小さく切ると形がわからなくなる。そういうきのこは大きめに切って炒め物にしたほうが

きのこと水を鍋に入れ、煮立ったら弱火で10分煮る。黒酢、しょうゆ、白こしょうで調味する。

いいんじゃない？　と思うわけです。

しめじ、えのきは石づきを取り除いてほぐし、鍋に入れます。水4カップを注いで強めの火にかけます。煮立ったら弱火にして、ふたをして10分ほど煮ます。ふたをして蒸し煮状態にすることで、きのこからだしがどんどん出るのです。10分ほど煮れば、きのこがしんなりして、ちょっと縮んだようになっているはず。きのこのうまみの水分（だし）が出た証拠です。

黒酢大さじ1と½〜2、しょうゆ大さじ1、白こしょう小さじ½を加えて味つけをします。白こしょうの量はお好みで。辛いのが好きなら多めに、辛いのが苦手なら少なめに。

片栗粉大さじ½を、水大さじ1で溶いて水溶き片栗粉を作ります。鍋中を静かに混ぜな

水溶き片栗粉でとろみをつけ、鍋中を沸騰させて溶き卵を流し入れる。最後にごま油で香りをつける。

がら、水溶き片栗粉を加えてとろみをつけます。

卵2個をボウルに溶きほぐします。鍋の中が十分に煮立ったところへ、卵を流し入れます。卵を入れたら、かき混ぜないこと。卵に火が通らないうちに、お玉などで混ぜると、スープが卵で濁ってしまうのでご注意ください。かき混ぜなくても、鍋中のスープが煮立って起こる対流の力で、卵が自然に流れて筋状になってくれます。

最後に茶色いごま油大さじ1を加えて、香りよく仕上げます。ごま油は多めに入れたほうがおいしいです。

いかがでしょう？　これが家庭の酸辣湯です。黒酢がきのこ特有のクセを消してくれるので、たっぷりのきのこでもとても食べやすい。こしょうは辛味のアクセントであり、中医学ではからだの芯から温めてくれる食品なんですよ。だから、きのこの旬である秋から冬に、この酸辣湯を食べると内臓が温まって、からだにとてもいいのです。黒酢のコクがあるから、塩分控えめでも十分においしい具だくさんスープです。これもまた、黒酢なしでは作れないヘルシーな一品です。

きのこから出た
うまみに、
黒酢のコク。
家庭の酸辣湯は
やさしい味です。

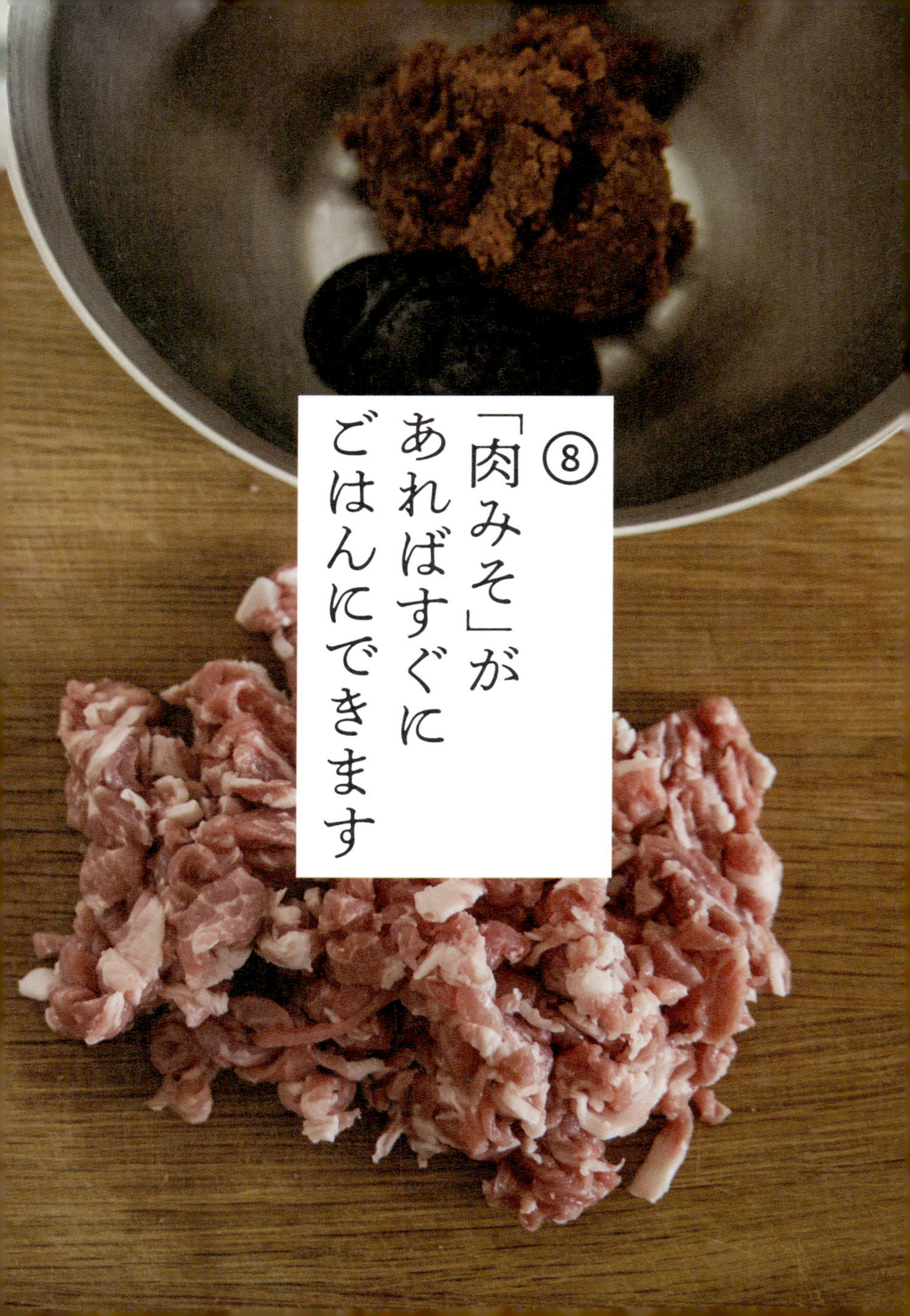

⑧「肉みそ」があればすぐにごはんにできます

肉みそは、嫌いな人を探すのが難しいぐらい、みんなが好きです。いったい、どこのどなたがこの料理を考えついたのか……。残念ながらウー・ウェンではないのですが、肉みそを発明した人は天才だと思います。

肉＝動物性たんぱく質。みそ＝植物性たんぱく質で、からだによい発酵食品。これは最強の組み合わせです。しかも肉とみそだけで、余計な調味料は入らないから、安心安全な食品でしょう。

白いご飯にもすごく合う。うどんなどの麺にのせるだけで、おいしい麺料理がすぐにできる。豆腐にのせてもいいし、野菜と炒め合わせてもいい。レタスでくるんでパクリもいいですね。しかも作り置きができる。一週間ぐらいはびくともしません。

肉みそは、うちの子供たちも大好きです。小さいころは、肉みそとレタス1個とご飯を食卓に出せば、もう夢中で食べてくれました。レタスにご飯と肉みそをのせて、包んでパクッですよ。手で食べるの、子供たちは。べとべとです。手はもちろん、胸のあたりもどこもかしこも、肉みそでべたべたになってしまうのだけれど、まあ、食べ終わったらお風呂に直行すればいいかな、と思っていました。おいしく食べてくれるなら、それがいちばんうれしいですから。お行儀はよくないけれど、誰に見られているわけでもないから、まあ、いいでしょう、と。

そのぐらい、肉みそは喜ばれていました。彼らが大きくなってからもそうでした。私が不在になるときは「ねぎ油と肉みそを、作っておいて」と言われていました。うちの子供たちは「ねぎ油と肉みそ」さえあれば生き延びられる。肉みそをスティック野菜につけて食べるだけで、たんぱく質と野菜がとれるのだから、私も安心して留守にできるというわけです。

肉みそ・肉について

肉みそはとてもシンプルな料理です。

豚肉を炒めて、ねぎとしょうがの香味野菜を加え、みそを加えて煮詰めれば、はい、できあがり。レシピをざっと書けばこんな感じです。何も難しいことはありません。

しかし簡単なものほど、実は奥が深いものです。その「奥深さ」を理解していただくと、最高の味の肉みそができます。ですから、これからの文章をどうか読み飛ばさずに、じっくりと読んでください。

まずは肉みその材料です。作りやすい分量でご紹介すると、豚肩ロースの薄切り肉200グラム、みそ150グラム、甜麺醤《テンメンジャン》大さじ2が必要です。それと水、しょうがと長ねぎのみじん切り、太白ごま油。

肉は、豚肩ロースの薄切り肉を使います。「え？　ひき肉じゃないんですか？」という声が聞こえてきそうですね。はい、ひき肉ではないのです。なぜかというと、肉みそは結構長い時間加熱しますので、ひき肉だとカスみたいになってしまうからです。ひき肉だと、悲しいほど肉の存在感がなくなってしまうんです。

豚の薄切り肉を包丁で細かく切ったほうが、断然おいしくできます。しょうが焼きにするぐらいの厚みの豚肩ロース薄切り肉を買ってきてください。これを包丁で粗いみじん切りにしましょう。肉を細く切り、肉の向きを変えてぶつ切りにする。するとごろごろに切れますよね。ごろごろがいいのです。がんばらないでください。がんばってあまり細かく切らないほうがいい。そのほうが、肉の存在感が残っておいしいです。

ちなみに肉は、おいしい肉がいいです。当たり前のことですが、おいしい肉で作りましょう。肉みそは保存できて、いろいろと食べられるのですから、いいお肉でおいしく作る。「豚は全部が肩ロースだったらいいのに」が私の口ぐせですが、肩ロースが好きなのは、筋肉（赤身）と脂肪のバランスがとてもよい部位だから。赤身ばかりの肉だとポロポロになるし、脂身が多いとギトギトになってしまう。その点、赤身と脂身をほどよく持っている肩ロースなら、肉の持つうまみを最大限に発揮してくれます。

肩ロースの薄切りを
包丁で切って、
ごろごろの粗い
みじん切りにする。
おいしさの鍵です。

「肉」200グラムに対して、「みそ」150グラムが目安ですが、お好みで肉の量は増やしてもOKです。肉400グラム、みそ150グラムで作ってもいいですよ。150グラムのみそに、肉600グラムぐらいまでいけるかな。

うちは子供たちが育ち盛りのころは、肉を倍量にして作っていました。たんぱく質をとらせたくて。でも肉が少なめで、肉の風味のついたみそを食べたいという方もいると思います。そのあたりは本当にお好みです。肉の風味のついたみそさえあれば、ご飯が何杯でも食べられるから、肉みそは経済的な料理でもあるのです。

肉みそ・みそについて

「肉」についてご説明しましたので、もうひとつの主役である「みそ」についてもお話しさせてください。

結論から言うと、みそはどんなみそで作っていただいても結構です。これは、私が日本で肉みそを何度も作ってきて出した結論です。

中国のみそと、日本のみそはだいぶ様子が違います。日本のみそは豆の粒々などが残っていることもあり、一方、中国のみそはすごくなめらかで、練られたような感じです。そして中国のみそは煮込むと、みそだけでとろみがつきます。日本のみそは、みそだけでとろみがつくことはないし、そもそも日本ではみそはあまり加熱しませんよね。煮ると風味が飛んでしまうから、みそ汁はグラグラと沸かさない。中国と日本ではみその種類もですが、みそに対する考え方が大きく違うんです。

日本料理は〝水〟の文化で、中国料理は〝油〟の文化です。日本のおみそ汁は、だし汁にみそを溶くだけなので、時間がたつと水（だし汁）とみそに分離してしまいます。一方、中国のみそは、たいてい油（肉の脂肪分も含む）と一体化させます。中国料理において油は「だし」「うまみ」です。みそは油と組み合わせることで、抜群においしくなるのです。

水は沸騰しても100度以上にはならないけれど、油は加熱すると軽く200度ぐらいまで上がるでしょう。その油の高い熱によって、みそが化学変化を起こして、奥深いうまみを出す。肉みそのおいしさは、そこにあります。だから肉みそのみそは、時間をかけてよーく炒めて（加熱して）、油や豚肉の脂と一体化させるのです。

すごく加熱するから、みその香りうんぬんは、あまり関係ないかもしれません。それに日本では「どんなみそがおいしいですか？」と聞くと、たいていみなさん自分の使っているみそや、自家製のみそがいちばんおいしい、って言うんですよ。〝手前みそ〟という言葉があるぐらいですものね。日本に来て、私がいちばん苦労したのはそこなんです。肉みそを作るのにどんなみそを使うといいかしら、と悩んでいると、日本ではみんなが、ご自分のところのみそがいちばんおいしいと言うし、地方によって使うみそが違ったりもするから、もう、わからなくなっちゃって。確かに、どんなみそもみんなおいしいんです。だから、結論を出しました。どんなみそでもいい。どうぞお好きなみそで、肉みそを作ってくださいませ。

その代わり、甜麺醤をプラスしていただきたいんです。甜麺醤には小麦粉が含まれていますから、これを入れることでとろみがつくのです。

以上、私がようやくたどりついた、日本の家庭でおいしい肉みそを作る「みそ」の話でした。

それでは、肉みそを作りましょう。

◉ 肉みその作り方

豚肉200〜400グラムを包丁でゴロゴロの粗みじんに切ります。そこまでやったら、次にしょうが1かけ、長ねぎ10センチをみじん切りにします。これらの香味野菜は香りづけに加えます。肉と発酵食品（みそ）だけだと、言葉は悪いですが「うっとうしい」と思いませんか？　香味野菜のさわやかな香りも、肉みその必需品です。

ボウルにみそを入れ、甜麺醤を加えて、水½カップで溶きのばします。みそが固まっている状態では炒めにくいので、水を加えます。また、水を加えることで、炒める時間を長くのばすことができます。先に申し上げたように、肉みそはみそを長く加熱することで、油の高温の熱で化学変化を起こし、みその奥深いうまみを引き出す料理です。水は、長く炒めるための時間かせぎの役目でもあります。

炒め鍋に太白ごま油大さじ2を熱して、豚肉を入れて炒めます。肉の色が変わったら、しょうがと長ねぎを加えて、香りが出るまで弱めの火でさらに炒めます。

みそと甜麺醤に
水を加えて溶きのばす。
鍋で豚肉を炒め、
色が変わったら
香味野菜を加えて
弱めの火で炒める。

水で溶いた
みそ＋甜麺醤を加える。
弱めの火加減で
じっくりじっくり、
トータルで
5〜6分炒める。

ボウルの調味料（みそ＋甜麺醤＋水）を加えます。さあ、これから長い旅に出ますよ。じっくりじっくりみそを加熱する、長い旅です。

弱めの火加減で、ヘラで混ぜながら、じっくりじっくり炒めます。水と油はご存じのように仲が悪いです。だからカップ½の水の水分を飛ばしながら、みそを油と脂になじませて煮詰めていくのです。炒めるうちに水分が飛び、だんだん油が水に勝ってきます。

香りも色も見た目も、最初は「ああ、みそだな」という感じなんです。それが5〜6分炒め続けると、だんだん、香りも色も見た目も変わってきます。みそよりも香り高くなり、みそよりも色が深くなり、みそよりもなめらかな見た目になったら、それが「肉みそ」です。高温の熱で、油と肉の脂となじんで一体化したみそは、いわゆるみそとは、も

じっくりと
火を通すことで
みそ、肉、油を
一体化させるのが
肉みそです。

う別物です。みその奥深いおいしさ、みその新たなおいしさがあらわれる。それが「肉みそ」なんです。

5～6分炒めて、鍋の縁に油が浮いてきたら、火を止めます。

肉みそのことを理解していただけたでしょうか。熱がとれたら容器に移します。これを保存しておけば、いつでも肉みそが食べられますよ。

なすと肉みその炒め物

肉みそと野菜の炒め物は、白いご飯によく合います。しかも簡単。肉みそはそのまま食べられる状態にできているわけですから、野菜を炒めたところへ、肉みそを加えてさっと炒め合わせるだけでいいんです。

「なすと肉みその炒め物」を作ってみましょう。

なす3本に対して、肉みそ大さじ3を使います。なすは縦半分に切って、斜め薄切りにします。こうして切ると、なすに早く火が通ります。アク抜き？　しなくても大丈夫です。すぐに油で炒めるので、アクが出るひまはありませんから。にんにく1かけを半分に切って、包丁の腹をのせ、上から手で押してつぶしておきます。

炒め鍋に太白ごま油大さじ½を入れて火にかけ、なすを入れて中火で炒めます。なすから水分が出てくるまで、しっかり炒めます。なすがしんなりしたら、肉みそを入れて炒め合わせ、にんにくを加えて香りをつけます。なすと肉みそがよくからまったら火を止めます。このままでもいいですし、仕上げにラー油や花椒粉をふれば「麻婆なす」にもなります。

キャベツやピーマンをせん切りにして、同じように肉みそと炒め合わせても、すごくおいしいです。お試しください。

なすは縦半分に切って、斜め薄切りに。油をひいた鍋でしんなりするまで炒め、肉みそを加えて炒め合わせる。

白いご飯泥棒の
なすと肉みそ炒め。
肉みそがあれば
約5分で完成です。
ビールにも合う！

●炸醤麺（ジャージャー麺）

ジャージャー麺は中国語で「炸醤麺」と書きます。「炸醤」は直訳すると「油で揚げたみそ」の意味で、つまりは肉みそのことなんです。

肉みそを作っておけば、初夏や真夏の汗ばむ日にジャージャー麺がすぐに食べられます。ちなみに中国には「冬至餛飩《とうじわんたん》、夏至麺《げしめん》」という言葉があって、夏至の日には、長生きの願いを込めて細く長い麺であるジャージャー麺を食べる習わしがあります。

中華麺（市販品）2人分（2玉）はゆでて冷まし、手でちぎって食べやすい長さにします。きゅうり1本はせん切りにします。みょうが2個は縦半分に切り、端からせん切りにします。器に麺を入れ、肉みそ大さじ3ずつをのせて、きゅうり、みょうがを添えます。よく混ぜて召し上がってください。

真夏は中華麺を水でしめて冷たくすると、暑さで食欲がない日でもするするとおなかに入ります。中華麺の代わりにうどんでも、もちろんいいですよ。野菜も、そのまま食べられるものなら、レタスでもトマトでも、なんでものせてOKです。ゆでた枝豆やとうもろこしなんかもトッピングにいいですね。

肉みそを
のせるだけの
本格味の
炸醤麺。
追い肉みそも
どうぞ。

みそうどん

汁麺も、肉みそがあれば超ラクチンに作れます。だしも具も必要なしで、肉みそさえあれば温かいみそうどんが食べられるんですよ。究極のシンプルさですが、インスタントラーメンを作るよりも簡単でおいしくて、健康的な汁麺です。

冷凍うどん（市販品）を使いましょう。冷凍うどんは便利ですよね。うちは冷凍食品のストックはありませんが、唯一常備してあるのが冷凍うどんなんです。稲庭風細うどんの冷凍うどんが好みです。

鍋にお湯を600〜700ミリリットル（2人分）沸かします。お湯を沸かしている間

冷凍うどんは流水にあてて解凍する。冷凍食品の表面のぬめりも洗い流せて一石二鳥。

肉みそを
お湯で溶けば、
スープができます。
うどんを入れて
即席みそうどん。

に、冷凍うどんを流水にあてて解凍します。冷凍された食品はどうしても表面がヌメヌメしていますから、流水でそれを洗い流す意味もあります。冷凍食品＝電子レンジで解凍というイメージがあるかもしれませんが、うどんは流水ですぐに解凍できるから、流水解凍のほうがいいと思います。

お湯が沸いたら、肉みそ大さじ山盛り4杯を入れます。野菜も一緒に食べたい場合は、キャベツのせん切り（太めのせん切りでいいです）も入れて煮ましょう。冷凍うどんを入れて、全体が温まればできあがり。家庭でサッと作れる超インスタントみそうどん、これがまたおいしいのです。お昼ごはんをささっと食べたいときにぴったりです。

こんなふうに肉みそは、冷蔵庫にあるととても便利。時間のあるときに作っておきましょう。家のごはんがリッチになること間違いなしの万能みそなのです。

⑨ 小麦粉とお湯だけで「春餅」を作りましょう

シンプルな料理をテーマにしたこの本の、最後に登場するのは春餅《チュンピン》です。「春餅」という名前を、聞いたことがある方もいるのではないでしょうか。春餅とは、小麦粉を練って薄くのばして焼いた皮です。「薄餅《バオピン》」とも呼ばれ、北京ダックを巻いて食べる皮と同じものです。中国では立春を祝って、春の初物野菜の料理（もやしの芽の炒め物など）を包んで食べる皮のことを、特別に「春餅」と呼ぶんです。日本で普通のおそばを、大みそかには「年越しそば」と呼ぶのと同じです。

この本でなぜ春餅をご紹介したいかというと、小麦粉と熱湯だけで作るものだからです。材料が2つだけ。すごくシンプルでしょう！

それにパンと違って発酵させる必要もなく、フライパンでサッと焼くだけでいいのです。こんなにシンプルな小麦粉の料理はほかにないのではないかしら。

小麦粉とお湯はいつでも家にあります。小麦粉と熱湯で生地を作って、薄くのばして焼くだけです。ふだんのなんていうことのないおかずも、春餅で巻いて食べるだけでなんだか特別感が出て、家族がとても喜んでくれます。小麦粉ですから主食になり、ご飯を食べなくてもおなかがいっぱいになります。

人が来るとき。春餅の生地さえ作っておけば、ホットプレートでみんなで春餅を焼きながら、おかずを包んで食べたりできます。すごく楽しいし、春餅は春餅じたいがとてもおいしいので、みんな、パクパク食べてくれます。

うちも子供が小さいころはよく、春餅パーティーをやりました。今は「春餅パーティーをやりましょう！」と誘っても、息子も娘も忙しくて来てくれないけれど……。でも私の友人や仕事関係の人たちが集まるときは、春餅を出すと、みんな大変な喜びようです。子供も大人もうれしい料理なんですよね。

● 春餅の作り方のあらまし

春餅作りには、どんな小麦粉を使ったらいいのか。いや、材料のご説明の前に、小麦粉料理の基本を少しご説明しておきましょう。

中国には星の数ほどの小麦粉料理があって、そのほとんどが小麦粉と水分で作られています。それらに使われる中国の小麦粉は、日本の中力粉や地粉に近いのですが、私は日本で代用するならば、手に入りやすい薄力粉と強力粉を半分半分で作ることをおすすめしています。

小麦粉に水やお湯を加えてこねると、小麦粉の中のたんぱく質が水分と結びついて、グルテンが形成されます。グルテン＝粘りです。薄力粉と強力粉はともに小麦粉ですが、たんぱく質の含有量が異なります。薄力粉のほうがたんぱく質は少なく、強力粉のほうがたんぱく質は多いのです。小麦粉の中のたんぱく質が多いほど、グルテン（粘り）の働きは強くなります。中国の粉物料理を作るには、薄力粉だけだと粘りが足りないので、強力粉を合わせて使います。まずはこのことを覚えていただきたいです。

中国では小麦粉に加える水分を、水、ぬるま湯、熱湯と使い分けることで、グルテンの量をコントロールして、さまざまな小麦粉料理を作ります。春餅に使うのは熱湯です。熱湯は粘りを抑えてくれる水分です。

春餅の材料は、薄力粉と強力粉を１００グラムずつ、熱湯１６０ミリリットル。ほかに用意するのは太白ごま油大さじ2。油は深さのある皿や小鉢に入れておきます。打ち粉として、薄力粉か強力粉も小皿に用意しておきます。

春餅の作り方をざっとご説明すると、こんな流れになります。

小麦粉に熱湯を加えてこね、生地を作る。生地を2つに分けて棒状にのばし、コロコロに小さく切り分けて、手のひらで軽くつぶす。小さな生地を2個ずつペアにし、ひとつの生地に太白ごま油をつけて、もうひとつの生地に重ねる。重ねた生地をつぶしてめん棒で丸く薄くのばし、フライパンで両面をサッと焼いて取り出す。焼いた生地を2枚にはがして器に盛る。

薄力粉＋強力粉。
熱湯。
本格的な春餅が
これだけで
作れるのです。

どうですか？　2枚にはがすところがおもしろいでしょう？　油をつけた生地を2つ重ねて焼くから、焼いたあとに2枚にはがすことができて、2枚の薄い皮ができるんです。1枚ずつ焼いたのでは、こんなに薄い皮にはなりません。

小麦粉料理が初めてでも、作ることじたいが楽しいし、多少形が悪くても未体験のおいしさだから、うれしくなるはずです。焼きたての皮の香ばしさ、甘さ。小麦粉のおいしさを、ぜひ体験していただきたいです。これは家でないと作れないおいしさです。

最初はあまりうまくいかなくても、作れば作るほど上手になります。春餅が上手に作れるようになると、なんだか家庭料理の世界が少し広がった気持ちがするはず。蒸したお肉や野菜炒めを、春餅で巻くだけでごちそうになるのですから。このうえなくシンプルな小麦粉料理を、ぜひ、ご自分の味方（レパートリー）にしてください。

では、作り方を詳しくご紹介いたしましょう。

焼いた生地を
端から2枚に
はがします。
作っていて、
ここがおもしろいの。

生地を作る

① 大きなボウルに薄力粉と強力粉を入れて菜箸で混ぜる

大きくて口の広いボウルを使うと、生地がこねやすいです。薄力粉と強力粉を入れたら、箸で混ぜながら、ボウルの中いっぱいに粉を広げるようにします。

② 熱湯を一気にまわし入れて、菜箸で大きく混ぜる

ここで大事なのは、熱湯がちゃんとアツアツなこと。お湯の温度が低いと、できあがりの生地のかたさが違ってきたりします。アツアツに沸いたお湯が冷めないうちに一気に、なるべく粉のいろいろなところにあたるようにまわしかけましょう。熱湯があたったところは、小麦粉のでんぷん質が反応して、透明感が出ますよね。菜箸で大きくかき混ぜてください。粉の白いところと透明感の出たところをなじませるようにして、しっかりかき混ぜます。かき混ぜていると、はじめはポロポロだった生地も、だんだんに粉と水分がなじんでくるんです。温度も下がってきます。

ボウルについた小麦粉をこそげ落としながら、水分を全体に行き渡らせるように混ぜましょう。

③ 小麦粉の白い粉がなくなったら、手でこねる

小麦粉の白い粉がなくなり、手が入れられるぐらいに温度が下がったら、ボウルの中で手でこねます。

生地をまとめたら、手のひらのつけ根でぐいっと向こう側へ押すようにしてこね、ボウルの丸みを使って生地を手前に起こし、また、手のひらのつけ根でぐいっと向こう側へ押すようにしてこねる……を繰り返します。指を広げた手でさらに粉気がなくなるまでかき混ぜます。なぜ、しっかり「こねる」かというと、小麦粉の粒子にまで水分を浸透させるためです。こねることで小麦粉と水分を一体化させて、グルテンを誕生させているわけです。

粉に熱湯を加え、箸で全体をよく混ぜる。少し冷めたら、手でよくこねて粉と水分をなじませる。

④ ひとつにまとめ、濡れぶきんをかけて、粗熱がとれるまで置く

ボウルについた粉も生地でこそげ取るようにします。熱湯で作る生地はあまりかたくないので、指先で外側の生地を内側へ入れるようにローリングさせるといいです。粉に水分がなじむと、手にもボウルにも生地がくっつかなくなります。そして表面がなめらかになります。こうなったら、こねあがった証拠です。生地が乾燥しないように、かたく絞った濡れぶきんをボウルにかけて、粗熱をとりながら20～30分寝かせます。

生地が手にもボウルにもくっつかなくなれば粉と水分がよくなじんだ証拠。濡らしたふきんをかけて、少し寝かせる。

こねることで、
小麦粉の
粒子にまで
水分を浸透させる
のです。

生地を成形する

⑤生地を取り出し、生地がきれいになるまでこねる

こね台に少しだけ打ち粉をして、生地をのせ、表面がなめらかになるまでこねます。生地を手前から奥へ、手のひらのつけ根でグイッと押すようにしてのばし、生地をまとめて、また手前から奥へグイッと押すことを繰り返すうちに表面がつるつるになって、しっとりとしてきます。

⑥形をととのえ、包丁で半分に切り分ける

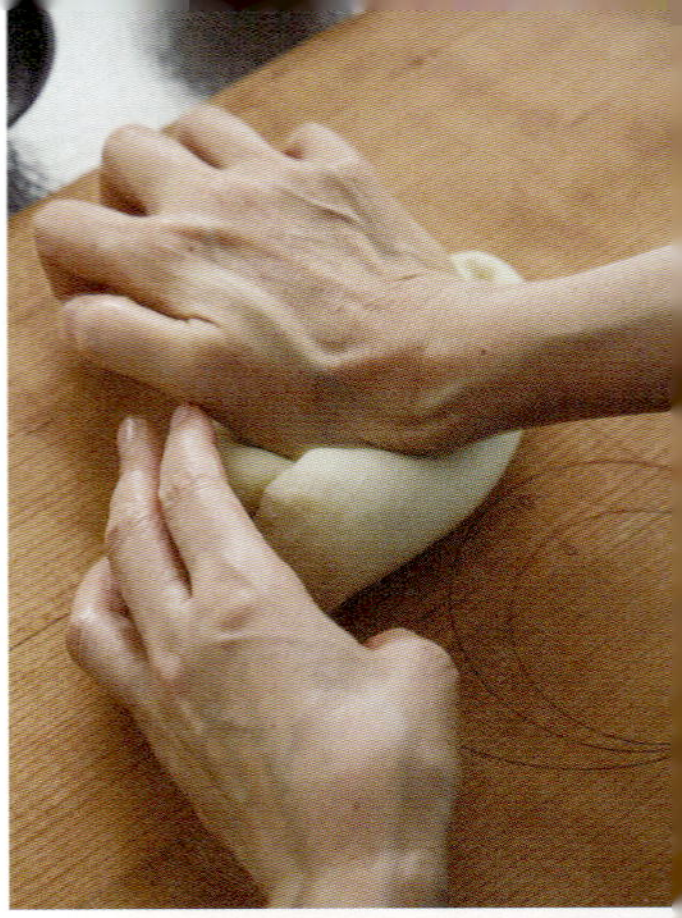

寝かせた生地をさらによくこねる。生地の表面がつるつるになったら、包丁で2つに切り分ける。

生地がなめらかになったら、やや長方形になるように形をととのえて、包丁で半分に切ります。

⑦
生地を棒状にのばし、8等分に切り分ける

切り分けた2つの生地を、それぞれ25センチほどの長さの棒状にのばします。両端も均等な太さになるように指先で形をきちんとととのえます。生地を前後に90度ずつ転がしながら、端から生地に包丁を入れて8等分に切ります。切り分けた生地に打ち粉を少量ふります。両手の指を広げて、その中で生地をすべらせるように転がし、打ち粉を全体にまぶしつけます。

2つの生地をそれぞれ棒状にのばす。それを8等分に切り、打ち粉をし、両手で転がすようにして打ち粉を全体にまぶす。

⑧ 生地を、手のひらで軽くつぶす

8等分に切った生地を切り口を上にして置き、手のひらで垂直に押して軽くつぶします。あまり押しすぎないのがこつ。両手で同じ動きをすると作業が早いです。

⑨ 2つの生地を重ね合わせる

なるべく同じサイズの生地を2つずつペアにします。ひとつの生地を指先でつまみ上げて、鉢（深みのある皿など）に入れた太白ごま油に浸し、もうひとつの生地の上に重ねます。油に沈没するぐらい、油はしっかりつけましょう。残りの生地も同様にします。

生地を軽くつぶし、ペアにする。ひとつに油をつけ、もうひとつの上にのせて、くっつける。

生地をペアにし、
油をつけて
重ねます。
春餅ならではの
プロセス。

重ねた生地を
薄い円形にのばす。
めん棒と板の
力を借りて
のばすのです。

すべて重ね終わったら、生地の真上から手のひらで押しつぶします。しっかり押しつぶして、平らな状態にしてください。

⑩

重ねた生地を直径15センチほどの円形にのばす

めん棒で直径15センチほどの円形にのばします。「形がととのうように、今度はこちら側をのばそう」なんていう小細工はダメ。下が平らな板と、その上を転がるめん棒には揺るぎない関係があります。この方々（板とめん棒）におまかせすれば、自然に均一に力が入るようになっているのです。人間が気をつけるべきことは、めん棒全体に同じように力がかかるようにすることだけ。のばすときはみなさん、遠慮しないで、思いきってグイッと押しましょう。上下左右に思い切ってのばしたほうがうまくいきます。つけた油のおかげで生地どうしがくっつくことはないので、のばし終わった生地は重ねておいても大丈夫。

焼く

⑪

フライパンを熱し、生地を入れて両面を焼く

フライパンを強めの火にかけて熱します。水を1滴落とすと、すぐに蒸発するぐらいにしっかり熱します。この温度が保たれる状態になったら、中火にします。生地をのせて、全体の色が白く変わるまで20秒ほど焼いてから、返します。タイミングとしては、生地の色が変わってきて、表面に気泡のプクプクが出てきたら裏返す。もう片面も、10秒ほどで大きめのプクプクが出てきます。そうして全体がふくらんだら焼き上がりです。焼き時間は両面あわせて35秒ぐらい。

⑫ 焼いた生地を2枚にはがし、器に盛る

全部の生地を焼き上げたら、端からはがして2枚にします。内側は蒸されてしっとりとやわらかく、外側は焼き目がうっすらついて香ばしい。これが春餅の魅力です。焼き目が

フライパンを熱し、生地をのせる。色が白く変わったら裏返す。焼き時間は両面で35秒程度。そして2枚にはがす。

外側は香ばしく
内側がもっちり。
春餅を作ると
小麦粉のおいしさが
よくわかります。

ブックデザイン　若山嘉代子 L'espace

写真　福尾美雪

構成　白江亜古

編集　八木麻里（大和書房）

最小限《さいしょうげん》の材料《ざいりょう》でおいしく作《つく》る9のこつ

2025年5月1日　第1刷発行
2025年5月25日　第2刷発行

著者　ウー・ウェン
発行者　佐藤 靖
発行所　大和《だいわ》書房
東京都文京区関口1-33-4
電話　03-3203-4511
本文・カバー印刷　萩原印刷
製本　ナショナル製本

ISBN978-4-479-78619-1

乱丁本・落丁本はお取り替えいたします。
http://www.daiwashobo.co.jp

ウー・ウェン

中国・北京で生まれ育つ。ウー・ウェンクッキングサロン主宰。１９９０年に来日。友人、知人にふるまった中国家庭料理が評判となり、97年にクッキングサロンを開設。医食同源に根ざした料理とともに中国の暮らしや文化を伝えている。著書に『本当に大事なことはほんの少し　料理も人生も、すべてシンプルに考える生活術』『10品を繰り返し作りましょう　わたしの大事な料理の話』（ともに大和書房）、『ウー・ウェンの　麺　ごはん』『ウー・ウェンの１００ｇで作る北京小麦粉料理』（ともに高橋書店）、『ウー・ウェンの毎日黒酢』（講談社）など。「まもなくお食い初めの日を迎えます。〝おばあちゃん〟になりました！」

https://cookingsalon.jp/

[Instagram] wuwen_cookingsalon

本書で紹介した料理のレシピ

この本で紹介した料理の作り方を簡潔にまとめてあります。
作り方のポイントなど詳しくは、本文ページをお読みください。

蒸し春キャベツ

15ページ

材料（作りやすい分量）

春キャベツ　1個
ごま油、粗塩、こしょう　各適宜

1 キャベツは芯を残したまま、4等分に切る。
2 蒸気が上がった蒸し器に入れてふたをし、強火で2分、弱火で1～2分蒸す。火を止めて、ふたをしたまま5分置く。
3 芯を切り落とし、食べやすく切る。好みでごま油、粗塩、こしょうをふっていただく。
★残ったら保存容器に入れ、冷蔵庫で2日間ほど保存できる。

蒸し春キャベツと豚しゃぶの黒酢ソース

19ページ

材料（2人分）

蒸した春キャベツ　¼個分
豚しゃぶしゃぶ肉　150g
〈黒酢ソース〉
黒酢、しょうゆ、ごま油　各大さじ1
しょうがのすりおろし　大さじ½
粗塩　ひとつまみ
こしょう　少々

1 ボウルに黒酢ソースの材料を入れてよく混ぜる。
2 炒め鍋に湯を沸かし、豚肉をゆでる。肉に火が通ったら、ゆで湯の中でしゃぶしゃぶしてアクを落とし、水気をきって、黒酢ソースのボウルに入れる。肉にソースをよくからめ、できれば10分ぐらい置いておく。
3 蒸し春キャベツの芯を切り落とし、半分に切って、豚肉と一緒に器に盛る。

アスパラガスとささみのオイスター炒め

24ページ

材料（２人分）

アスパラガス　４～５本
鶏ささみ　２本
〈下味〉
こしょう　少々
酒　大さじ２
粗塩　ふたつまみ
片栗粉　小さじ¼
太白ごま油　大さじ１
オイスターソース　大さじ１
粗塩　ひとつまみ
ごま油　大さじ½

1 アスパラガスは茎の下のほうのかたい皮をピーラーでむく。まな板に横向きにして並べ、下から½ぐらいまでを包丁の腹でパン、パンとたたいてつぶす。４等分の長さに切る。

2 鶏ささみは繊維に沿って１㎝幅の斜め薄切りにし、下味の調味料をひとつずつ順番に加えて、そのつどささみにまぶす。

3 炒め鍋に太白ごま油大さじ１を熱してアスパラガスを入れ、箸やヘラで大きく混ぜてアスパラガスに油をまわし、弱火でじっくり炒める。色鮮やかになり、アスパラガスの香りが立ったら、いったん取り出す。

4 炒め鍋に太白ごま油少々を足して、ささみを入れ、弱火でじっくり炒める。

5 ささみに火が通ったらオイスターソースで味をつけ、アスパラガスを戻し入れて、炒め合わせる。粗塩をふり、ごま油をまわしかけて香りをつける。

蒸しアスパラガス

22ページ

材料（作りやすい分量）

アスパラガス　適量
粗塩、オリーブオイル、黒こしょう　適宜

1 アスパラガスは茎の下のほうのかたい皮をピーラーで薄くむき、蒸し器に入るように長さを半分に切る。
2 蒸気が上がった蒸し器に入れてふたをし、強火で１分、弱火で２分蒸す。火を止めて、ふたをしたまま３分置く。
3 皿に盛りつけ、粗塩をふり、オリーブオイルをまわしかけ、こしょうをふる。

焼きたけのこ

31ページ

材料（２人分）

水煮たけのこ（真空パック入り）
　½〜１本
太白ごま油　大さじ１
粗塩　少々
木の芽　適量

1 たけのこはペーパータオルで水気を拭き、１本丸ごとなら、縦半分に切り、さらに縦に４等分に切る。½本なら縦に４等分に切る。
2 フライパンに太白ごま油をひき、たけのこを並べ入れ、あまり触らずに弱火でじっくり焼く。
3 香りが出てきたら、ひっくり返して裏面も焼く。蒸気がほとんど出なくなったら器に盛りつけ、粗塩をふる。あれば木の芽を添える。

たけのこご飯

33ページ

材料（作りやすい分量）
水煮たけのこ（真空パック入り）
½〜1本
太白ごま油　大さじ1
しょうゆ　大さじ½
ご飯　適量

1 たけのこはペーパータオルで水気を拭き、大きめの一口大に切る。
2 フライパンに太白ごま油をひき、たけのこを並べ入れ、あまり触らずに弱火でじっくり焼く。
3 香りが出てきたら、ひっくり返して裏面も焼く。蒸気がほとんど出なくなったら、しょうゆをたらす。
4 炊きたてのご飯に**3**をさっくり混ぜる。

新玉ねぎのスープ

39ページ

材料（2人分）
新玉ねぎ　1個
太白ごま油　大さじ1
粗塩　小さじ½
こしょう　適宜
スナップえんどう、春キャベツ　各適宜

1 新玉ねぎの皮をむき、縦に4つ割りにする。
2 鍋に太白ごま油をひき、新玉ねぎを切り口を下にして入れる。点火して、強めの火加減で焼く。いい香りがしてきたら、弱火にして玉ねぎを返す。
3 玉ねぎにほんのり焼き色がついたら、水500mℓを加える。火を強めて煮立たせ、沸いたら弱火にし、ふたをして7〜8分煮る。スナップえんどうや、せん切りにしたキャベツなどを入れるときは、煮ている途中で加える。
4 粗塩で味つけし、こしょうをふる。

グリーンピースと卵のスープ

42ページ

材料（2人分）

グリーンピース　さやから出して100g
卵　2個
桜えび　3g
粗塩　小さじ½
〈水溶き片栗粉〉
｜片栗粉　大さじ1
｜水　大さじ2
ごま油　大さじ½
こしょう　少々

1 鍋に水500mℓと桜えびを入れて中火にかけ、沸騰したら弱火にしてふたをし、5分煮る。
2 グリーンピースを加え、ふたをせずに、火が通るまで2分程度煮る。
3 グリーンピースがスープの上に浮かんできたら、火が通ったということ。粗塩で味つけし、鍋中をかき混ぜながら水溶き片栗粉を加える。
4 ボウルに卵を溶いて、沸いている鍋中へ少しずつ加える。
5 スープが再び沸いてきたら、ごま油を加え、こしょうをふる。

完熟トマトのえびチリ

46ページ

材料（2人分）

完熟トマト　中1個
むきえび　250g
｜こしょう　少々
｜片栗粉　小さじ1
玉ねぎのみじん切り　¼個分
にんにく、しょうがのみじん切り　各1かけ分
太白ごま油　大さじ2
豆板醤　小さじ1
オイスターソース　大さじ⅔
粗塩　ひとつまみ

1 完熟トマトのヘタを取り、1cm角に切る。むきえびは背わたを取り、沸騰した湯でしっかりゆでてざるに上げ、水気をきって、こしょう、片栗粉をまぶす。
2 炒め鍋に太白ごま油を熱し、弱めの中火でにんにく、しょうがを炒める。香りが出るまでじっくり炒めたら、玉ねぎを加え、水分を飛ばすように炒める。豆板醤を加えてさらに炒める。
3 豆板醤の香りが出たらトマトを加え、火を強めて2～3分煮る。トマトが全体になじんだところで、オイスターソース、粗塩を加える。
4 えびを加えてソースと和えるように1～2分炒める。

大根のスープ

50ページ

材料（2人分）

大根　200g
油揚げ　1枚
長ねぎ　5cm
太白ごま油　大さじ½
粗塩　小さじ½
こしょう　少々

1 大根の皮をむき、スライサーでそうめんのように細長いせん切りにする。
2 油揚げは長辺を半分に切り、重ねて端から細切りにする。長ねぎは薄切りにする。
3 鍋に太白ごま油と長ねぎを入れて火にかけ、ねぎのいい香りが出るまで、弱めの中火でじっくり炒める。香りが立ったら油揚げを入れて炒め、さらにいい香りがしてきたら、水500mℓを加える。火を強めて煮立たせる。
4 鍋中が沸いたところへ大根を加え、再び煮立ったら中火にして5分ほど煮る。大根がくったりしたら、粗塩、こしょうで味をととのえる。

ねぎ油

57ページ

材料（作りやすい分量）

長ねぎ（青い部分も含めて）　1本
太白ごま油　1カップ

1 長ねぎを斜め薄切りにする。
2 炒め鍋に太白ごま油と長ねぎを入れて、弱火にかける。長ねぎがなるべく重ならないように箸で広げる。甘い香りが立って長ねぎがしんなりしてきたら、箸で混ぜて熱のあたりを均等にする。あまり触らずに弱火のまま、ときおり混ぜる程度にして長ねぎにじゅくじゅくと火を通す。15分ほど炒め、長ねぎの端が茶色くなってきたら火を止める。
3 ねぎ油が完全に冷めたら、清潔なびんに移して保存する。

ブロッコリーのねぎ油和え

60ページ

材料（2人分）

ブロッコリー　1個
しょうゆ　大さじ½
ねぎ油　大さじ1

1 ブロッコリーは一口大に切り分けて歯ごたえよくゆでる。水にさらしてすぐに引き上げ、水気をしっかりきる。
2 **1**をボウルに入れて、しょうゆで味つけし、ねぎ油を加えて和える。

ねぎ油のポテトサラダ

62ページ

材料（作りやすい分量）

じゃがいも（男爵）　2個
にんじん　1本
卵　1個
粗塩　小さじ⅔
ねぎ油　大さじ2

1 じゃがいも、にんじんはよく洗う。蒸気が上がった蒸し器に、じゃがいも、にんじん、卵をのせ、ふたをして30分蒸す。
2 30分蒸したら火を止めて、ふたをしたまま10分ほど放置する。
3 じゃがいもの皮をむいてボウルに入れ、スプーンなどで粗くつぶす。粗塩、ねぎ油を加えてしっかり混ぜる。
4 にんじんは縦半分に切って皮を取り、５㎜厚に切る。卵は殻をむいて縦半分に切り、５㎜厚に切る。じゃがいものボウルに加え、ざっくり混ぜる。

焼きそば

69ページ

● 材料（２人分）

焼きそば麺　２玉
長ねぎ　½本
太白ごま油　大さじ１と½
酒　大さじ３
黒酢　大さじ１と½
しょうゆ　大さじ１
粗塩　少々
こしょう　少々

1 焼きそば麺を常温に戻す。長ねぎを斜め薄切りにする。

2 炒め鍋に太白ごま油、長ねぎを入れて弱めの中火にかける。長ねぎの香りが出るまで、じっくり炒める。

3 長ねぎがしんなりしたら、上に焼きそば麺を広げてのせる。酒をふって弱火にし、ふたをして２～３分蒸す。

4 ふたをとって黒酢をまわし入れ、弱火のまま全体を混ぜて、黒酢をしっかりからめる。麺に黒酢がからみ、加えた水分（酒と黒酢）がすべて飛ぶまで弱火で炒める。

5 しょうゆ、粗塩を加えて混ぜる。こしょうをひいて仕上げる。

卵とねぎのチャーハン

74ページ

● 材料（２人分）

ご飯　300g
卵　２個
長ねぎ（青い部分も含む）　10㎝
太白ごま油　大さじ１と½
粗塩　小さじ⅓
こしょう　少々
ごま油　少々

1 卵をボウルに溶いておく。長ねぎをみじん切りにする。

2 炒め鍋に太白ごま油を入れて中火にかける。鍋が温まり、油も熱くなったら、溶いた卵を一気に流し入れ、箸やヘラで大きく混ぜる。

3 卵に火が通ったら弱火にし、長ねぎを加える。ねぎの香りが出てくるまでよく炒める。

4 ねぎの香りが出たら、ご飯を入れて、すぐに粗塩をふる。油を含んだ卵とご飯をなじませるように、弱火で炒める。

5 ときおりヘラでご飯を返しながら、弱火でじっくり炒める。ご飯の水分がしっかり飛んでパラパラになったら、こしょうをふり、ごま油をまわしかける。

玉ねぎと牛肉炒め

85ページ

材料（２人分）

牛赤身薄切り肉　200g
｜片栗粉　小さじ½
玉ねぎ　１個
太白ごま油　大さじ１
粗塩　小さじ½
こしょう　小さじ¼

1 牛肉をゆでる。鍋に湯を沸かし、グラグラと沸騰する前(70〜80度)に牛肉を全量入れる。牛肉に火が通ったら火を止める。肉を少しずつ菜箸ですくい取り、ゆで湯の中でしゃぶしゃぶしてアクを落とし、水気をきる。
2 水気をきった肉をボウルに入れて、片栗粉をまぶす。
3 玉ねぎは縦半分に切り、端から薄切りにする。
4 炒め鍋に太白ごま油と玉ねぎを入れて、中火にかける。玉ねぎに透明感が出てくるまでじっくり炒め、牛肉を入れて炒め合わせる。粗塩、こしょうをふり、サッと和える。

長ねぎと豚肉炒め

89ページ

材料（２人分）

豚こま切れ肉　200g
〈下味〉
｜こしょう　少々
｜酒　大さじ１
｜粗塩　ひとつまみ
｜片栗粉　小さじ½
長ねぎ（青い部分も含めて）　１本
〈合わせ調味料〉
｜しょうゆ　大さじ⅔
｜黒酢、はちみつ　各小さじ１
太白ごま油　大さじ１

1 長ねぎは斜め薄切りにする。豚肉は下味の調味料を順番にひとつずつまぶす。
2 ボウルに合わせ調味料を作っておく。
3 炒め鍋に太白ごま油、豚肉を入れて中火にかける。豚肉の水分を蒸発させるようにしっかりと炒めたら、合わせ調味料を加える。
4 長ねぎを加えて炒め合わせ、ねぎに火が通ればできあがり。

卵と小松菜炒め

94ページ

材料（2人分）

卵　2〜3個
小松菜　1束
｜粗塩　小さじ⅓
長ねぎ　5cm
太白ごま油　大さじ2
こしょう　少々
粗塩　適宜

1 小松菜は3〜4cmの長さに切ってボウルに入れ、粗塩をふる。長ねぎは薄切りにする。

2 卵をボウルに溶きほぐす。

3 炒め鍋に太白ごま油大さじ1と½を入れて中火で熱する。油が温まったら、卵液を一気に流し入れて、菜箸で大きく混ぜる。火を弱め、固まった卵を鍋の端に寄せて上げ、卵のまだ固まっていないところが鍋底の油の中に流れるようにする……を手早く繰り返し、卵に火を通す。火が通ったらいったん取り出す。

4 卵を取り出した炒め鍋に太白ごま油大さじ½を足して長ねぎを入れ、中火でねぎのいい香りがするまで炒める。

5 香りが出てきたら小松菜を入れ、あまりかき混ぜずに火を通し、鍋から蒸気が十分に上がるようになったら、小松菜を軽く返す。

6 卵を鍋に戻し入れ、軽くほぐして小松菜と合わせる。こしょうをふり、味見をしてみて、足りないようなら粗塩を少しふる。

蒸し鶏 ささみ

104ページ

材料（作りやすい分量）

鶏ささみ　4本

〈下味〉

塩麹　大さじ1

（または粗塩小さじ½＋酒大さじ1）

こしょう　少々

1 ささみに下味をつけて、冷蔵庫に一晩置く。

2 蒸気が上がった蒸し器に入れてふたをし、中火で2分、弱火で5分蒸す。火を止めて、ふたをしたまま10分放置する。

蒸し鶏のバンバンジー

材料（2人分）

蒸したささみ　4本

〈ごまだれ〉

練りごま（白）　大さじ1

しょうゆ　大さじ1

黒酢　大さじ½

花椒粉　小さじ⅓（お好みで）

きゅうり　1本

1 ボウルにごまだれの材料を混ぜ合わせる。練りごまがかたいときは、水大さじ½を加えてのばす。

2 ささみを手で食べやすい大きさにさいて**1**に加え、しっかり和える。

3 きゅうりの皮をピーラーでむいて、包丁の腹で軽くたたいてつぶし、4等分の長さに切る。ささみのボウルに入れ、全体をよく和える。

蒸し鶏 もも肉

110ページ

材料（作りやすい分量）

鶏もも肉　2枚

〈下味〉

塩麹　大さじ1
（または粗塩小さじ1＋酒大さじ2）

1 鶏もも肉1枚の皮のない側に、塩麹大さじ½をまぶしつけ、もう1枚も同様にして、冷蔵庫に一晩置く。

2 もも肉を冷蔵庫から出して常温に20〜30分置く。皮が外側になるようにくるくる巻いてロール状にし、巻き終わりを爪楊枝でとめる。蒸気が上がった蒸し器に入れてふたをし、中火で2分、弱火で15分蒸す。火を止めて、ふたをしたまま15分放置する。

蒸し鶏のねぎだれのせ

材料（2人分）

蒸した鶏もも肉　1枚

〈ねぎだれ〉

長ねぎ（青い部分も含む）　½本
粗塩　小さじ½
こしょう　少々
ごま油　大さじ1

1 長ねぎをみじん切りにする。

2 ねぎだれの材料を混ぜ合わせる。

3 蒸した鶏もも肉を、1.5㎝ほどの厚さに切って、皿に並べる。上にねぎだれをたっぷりかける。

蒸し鶏 むね肉

114ページ

● 材料（作りやすい分量）

鶏むね肉　2枚

〈下味〉

｜塩麹　大さじ1

｜（または粗塩小さじ1＋酒大さじ2）

ローズマリー　2枚

1 鶏むね肉は皮側を下にして広げ、身側を10か所ほどフォークで刺し、塩麹をまぶしつける。もう1枚も同じようにし、バットにのせてラップをかけ、冷蔵庫に一晩置く。

2 蒸気が上がった蒸し器に入れ、あればローズマリーを1枝ずつ肉の上にのせ、ふたをして中火で2分、弱火で12分蒸す。火を止めて、ふたをしたまま15分放置する。

蒸し鶏と小松菜の炒め物

● 材料（2人分）

蒸した鶏むね肉　½枚

〈下味〉

｜こしょう　少々

｜片栗粉　小さじ½

小松菜　150g

｜粗塩　小さじ⅓

長ねぎ　5cm

太白ごま油　大さじ½

酒　大さじ1

ごま油　小さじ½

しょうゆ　適宜

1 鶏むね肉は繊維に沿って細切りにし、下味の調味料をまぶす。

2 小松菜は3cm幅に切ってボウルに入れ、粗塩をふる。長ねぎは斜め薄切りにする。

3 炒め鍋に太白ごま油と長ねぎを入れ、中火でじっくり炒めて、ねぎの香りを出す。鶏むね肉を入れて炒め、油をなじませる。

4 小松菜を加えて炒め合わせ、酒をふり、火を強める。小松菜が青々としてきたら、全体をサッと混ぜ、ごま油で香りをつける。味見をして、塩味が足りなければしょうゆ少々をふってもよい。

蒸し豚 肩ロース肉

119ページ

材料（作りやすい分量）

豚肩ロースかたまり肉　500g

〈下味〉

- 塩麹　大さじ1と½
  （または粗塩大さじ½＋酒大さじ3＋こしょう　少々）

1 豚肩ロース肉を半分に切って、下味をまぶしつけ、それぞれラップで包んで冷蔵庫に一晩置く。

2 蒸気の上がった蒸し器に入れてふたをし、中火で3分、弱火で30分蒸す。火を止めて、ふたをしたまま20分放置する。

蒸し豚のチャーシュー

124ページ

材料（作りやすい分量）

蒸した豚肩ロース肉　1個（約250g）

〈合わせ調味料〉

- しょうゆ　大さじ1
- 黒酢　大さじ1
- 酒　大さじ1
- はちみつ　大さじ½
- ごま油　小さじ1

1 炒め鍋に合わせ調味料と蒸した豚肩ロース肉を入れ、弱火にかける。ゆっくり時間をかけて肉を温めると同時に、調味料をじっくり煮詰めながら、肉のまわりに味をからめる。ときおり箸で肉を転がし、調味料が全体になじむようにする。

2 調味料がキャラメル状になる前に取り出して5分ほど置き、味が落ち着いたところでスライスして皿に盛る。

薄切り肉の酢豚

132ページ

材料（２人分）

豚こま切れ肉　250g

〈下味〉

こしょう　少々
酒　大さじ１
粗塩　小さじ⅓
片栗粉　小さじ１

〈合わせ調味料〉

黒酢　大さじ２
はちみつ　大さじ１
しょうゆ　大さじ½
酒　大さじ１
ごま油　大さじ½

太白ごま油　小さじ１
白いりごま　大さじ１
パセリのみじん切り　少々
白髪ねぎ　10㎝分

1 鍋に湯を沸かし、豚肉を一度に全部入れてゆでる。しっかり火が通ったら、お湯の中でしゃぶしゃぶして脂やアクを落とし、水気をよくきってボウルに入れる。下味をまぶしつける。

2 合わせ調味料の材料をボウルに混ぜ合わせる。

3 炒め鍋に太白ごま油をひいて温め、豚肉を入れて中火にかける。豚肉にまぶした片栗粉が熱で溶けたら、合わせ調味料を加える。

4 調味料が煮立ったら、箸などで混ぜて豚肉に味をしっかりからめる。調味料のテリが出てきたら、白いりごまをふって混ぜ、器に盛る。パセリと白髪ねぎをのせる。

じゃがいものシャキシャキ炒め

137ページ

材料（２人分）

じゃがいも（メークイン）　２個
太白ごま油　大さじ１
花椒　10粒
黒酢　大さじ½
粗塩　小さじ⅓

1 じゃがいもは皮をむき、斜め薄切りにしてから、細いせん切りにする。さっと洗い、水気をしっかりきっておく。
2 炒め鍋に太白ごま油と花椒を入れて中火にかける。花椒の香りが立ってきたらじゃがいもを入れ、油をなじませるように混ぜながら炒める。
3 じゃがいもに油がなじんだら、黒酢を入れて混ぜる。しばらく炒めて、音が静かになってきたら弱火にし、じゃがいもが透明になってくるまでじっくり（トータルで５分ほど）炒める。
4 じゃがいもに透明感が出て少ししんなりしたら、粗塩で味つけする。

きのこの酸辣湯《サンラータン》

140ページ

材料（作りやすい分量）

しめじ、えのき　各100ｇ
黒酢　大さじ１と½〜２
しょうゆ　大さじ１
白こしょう　小さじ½
〈水溶き片栗粉〉
｜片栗粉　大さじ½
｜水　大さじ１
卵　２個
ごま油　大さじ１

1 しめじ、えのきは石づきを取り除いてほぐし、鍋に入れる。水４カップを加えて強めの火にかける。煮立ったら弱火にし、ふたをして10分ほど煮る。
2 黒酢、しょうゆ、白こしょうを加えて味つけする。
3 鍋中を静かに混ぜながら、水溶き片栗粉を加えてとろみをつける。
4 卵をボウルに溶きほぐし、鍋の中が十分に煮立ったところへ流し入れる。仕上げにごま油で香りをつける。

肉みそ

154ページ

材料（作りやすい分量）

豚肩ロース薄切り肉　200g
みそ 150g
甜麺醤　大さじ2
水　½カップ
しょうが　1かけ
長ねぎ　10cm
太白ごま油　大さじ2

1 豚肉を包丁でごろごろの粗みじんに切る。しょうが、長ねぎをみじん切りにする。

2 ボウルにみそと甜麺醤を入れ、分量の水を加えて溶きのばす。

3 炒め鍋に太白ごま油を熱し、豚肉を入れて炒める。肉の色が変わったら、しょうがと長ねぎを加え、香りが出るまで弱めの火で炒める。

4 2を加え、ヘラで混ぜながら弱めの火加減でじっくり炒める。5〜6分炒めて、鍋の縁に油が浮いてきたら、火を止める。熱がとれたら容器に移して保存する。

なすと肉みその炒め物

158ページ

材料（2人分）

なす　3本
にんにく　1かけ
肉みそ　大さじ3
太白ごま油　大さじ½
ラー油、花椒粉　各適宜

1 なすは縦半分に切り、斜め薄切りにする。にんにくは半分に切り、包丁の腹で押してつぶす。

2 炒め鍋に太白ごま油をひいて火にかけ、なすを入れて中火で炒める。なすから水分が出て、しんなりするまで炒めたら、肉みそを入れて炒め合わせ、にんにくを加えて香りをつける。

3 なすと肉みそがよくからまったら火を止める。好みでラー油や花椒粉をふってもよい。

炸醤麺《ジャージャーメン》

161ページ

材料(２人分)

中華麺　２玉
きゅうり　１本
みょうが　２個
肉みそ　大さじ６

1 中華麺はゆでて冷まし、手でちぎって食べやすい長さにする。

2 きゅうりはせん切りにする。みょうがは縦半分に切り、端からせん切りにする。

3 器に麺を入れ、肉みそを大さじ３ずつのせて、きゅうり、みょうがを添える。

みそうどん

163ページ

材料（２人分）

冷凍うどん　２玉
肉みそ　大さじ山盛り４
キャベツのせん切り　適量

1 鍋に湯を600〜700mℓ沸かす。

2 冷凍うどんを流水にあてて解凍する。

3 湯が沸いたら、肉みそを入れ、キャベツのせん切りも加えて煮る。

4 鍋にうどんを入れて、全体が温まればできあがり。

春餅

169ページ

材料（16枚分）

薄力粉、強力粉　各100g
熱湯　160mℓ
太白ごま油　大さじ2
打ち粉（薄力粉か強力粉）　適量

1 ボウルに薄力粉と強力粉を入れて菜箸で混ぜる。熱湯を一気にまわし入れ、菜箸で大きく混ぜる。
2 小麦粉の白い粉がなくなり、手が入れられるぐらいに温度が下がったら、手でこねる。なめらかになったらひとつにまとめ、かたく絞った濡れぶきんをかけて20〜30分ほど置く。
3 こね台に生地を取り出し、生地がなめらかになるまでよくこねる。形をととのえ、包丁で半分に切り分けて、切り目に打ち粉をふる。
4 2つの生地をそれぞれ25cmくらいの棒状にのばし、8等分に切り分ける。切り口に打ち粉をふって転がしながらまるめ、手のひらで軽くつぶす。
5 ひとつの生地をつまんで持ち、太白ごま油をしっかりつけて、もうひとつの生地に重ね合わせる（生地2枚が上下に合わさる形）。
6 重ねた生地をめん棒で直径15cmほどの円形にのばす。
7 フライパンを中火に熱し、生地を入れて両面を焼く。焼いた生地を2枚にはがし、皿に盛る。

ついた面を外側にして半分に折り、少しずつずらして器に盛りつけるときれいです。

蒸し鶏、蒸し豚、じゃがいものシャキシャキ炒め……この本で紹介した料理の好きなものを作って、テーブルに並べて召し上がれ。手のひらに春餅を広げてのせ、蒸し鶏、白髪ねぎ、甜麺醤をのせて、皮の手前を内側にたたみ、皮の左右も内側にたたんで、パクッと頬張りましょう。北京ダックにも負けないおいしさですよ！

炒め物でもなんでもいいです。好きなものを包んで食べる、春餅ワールドをどうぞご堪能くださいませ。

春餅を広げて、蒸し鶏、白髪ねぎ、甜麺醤をのせて巻けば北京ダック風に。これもシンプル極まる家庭料理。